フリードリヒ＝ヘーゲル

ヘーゲル

● 人と思想

澤田　章 著

17

CenturyBooks　清水書院

ヘーゲルについて

――世界が大きく変わろうとしているときの哲学――

この本を読む人びとと、ともに

人はつねにその人にとっての現代を生きている。現代をどう生きるか、現代の問題をどのようにとらえ、どのように解決するかということは、現代に生きるわたしたちの最大の関心事である。わたしたちがヘーゲルを学ぶのは、たんに歴史的な興味からではなく、かれが当時の問題とどうとりくんだかを学んで、わたしたちじしんの問題を解決するための参考にしたいからである。

わたしたちはまず、この小著のなかで、歴史の大きく変わってゆく時代に、ヘーゲルが、一人の人間として「いかに生き、いかに考えたか」を知りたいと思う。そして、わたしたちは、この人の思想を、たんにできあがった思想体系や理論としてではなく、その成り立ちから理解するようにしよう。かれの思想のなかに、かれの時代や人生体験が、どのように結びついているだろうか。また、こんにちまで、かれは、革新的であるとか、あるいは保守反動的であるとかという、きわめて対立した評価をうけてきたが、その点は、はたしてどうなのだろうか。

からだの弱い人は、なんとかして強い人になりたいと願う。しかし、弱い人（ドイツ）はただちに強い人（イギリスやフランス）のまねはできない。強い人だって度をすごすと危険なこと（ジャコバンの独裁）になる。だから、弱い人は、弱い人なみに、その程度に応じた現実的な強化策（法治主義の原則に立った立憲君主制）が必要である。手術（共和主義の市民革命）をおこなうことができるならばと考えてみても、問題なのは本人の体力だ。まず、体力（エネルギー）をやしなわなければならない。その当時のドイツには、このような問題があったのではなかろうか。わたしたちは、これらの点を、もっと深くしらべてみよう。

ヘーゲルについての評価や批判が、こんにちまで極端なほど対立し、賛否両論まちまちである限り、わたしたちにとって、ヘーゲルの哲学像を一義的に決定することは困難であり、かれとの思想上の対決は現在もなお、残されているといわなければならないであろう。このことは、一方では、かれの思想の難解さに原因があるということもできるのであるが、他方では、ヘーゲルの思想の核心となっており、かつ、その思想を生みだす根源となっている問題が、いぜんとして、現代に生きるわたしたちの問題でもあるということを意味しているといえるのではなかろうか。

およそ、「古典」といわれるものは、いつの世でも、永遠の現在に生きる価値をもつものである。したがって、哲学上の古典は、現在でも問い求められ、しかも、古くから、いままでも問い求められてきたし、また、未来にむかって、これからも問い求められるであろうようなものを、つねに哲学の対象として保持し続けているといえるのである。

とにかく、歴史の転換期におけるさまざまな矛盾や限界と対決した偉大な思想家のもつ宿命といえばそれまでだが、わたしたちは、ヘーゲルについてのゆがめられた批判とか、公式化された理論や偶像にとらわれることなく、かれを、わたしたちにとっての古典として見なおし、何よりもまず、人間ヘーゲルを、当時の問題状況のなかで理解するようにつとめよう。

新時代の精神の探求

ヘーゲル（一七七〇〜一八三一）は、産業革命やフランス革命、ナポレオンの出現とその没落など、ヨーロッパの歴史が大きく転換する一八世紀後半から一九世紀はじめのドイツに生きた。

かれの生い立った時代のドイツは、神聖ローマ帝国と称していたが、帝国とは名だけであって、その内部は専制君主としての諸侯によって支配される数百の領邦に分裂しており、西欧の列強にくらべて、国民国家としての統一、近代市民社会の形成（中産市民階級の成熟）という点で、大変立ち遅れていた。

質朴《しつぼく》でまじめな、そして新教徒《プロテスタント》として信仰のあつい家庭で育ったヘーゲルは、いわゆる天才肌《はだ》の人物ではなく、理知的ではあるが、どちらかといえば重厚で無器用なコツコツと仕事にうちこむタイプであった。そのかれも、多感な大学生時代に、フランス革命の嵐を経験して大いに熱狂し、世界が大きく変わろうとしていることを体験する。かれは、当時のドイツにおける一般の知識人たちが、一時はフランス革命に感激しながら、ジャコバンの独裁をみて、まもなく革命そのものにも否定的な態度をとったのとはちがって、終生変わることなく、この革命のうちにこそ、歴史の進むべき道（歴史的必然性）と近代社会の基本的な問題が含まれていると確信して疑わなかった。

かれは、新しい時代がおとずれているにもかかわらず、祖国の現状がいぜんとして近代以前の旧制度のもとにあることを憂え、どうしたなら、ドイツの社会において、人びとをめざめさせ、国民の自由を実現させることができるか、という課題ととりくんだ。したがって、かれの研究の中心は、民族のあり方（民族精神に関する問題）と近代社会の特質を明らかにすることであった。かれは、これらの問題を、世界史的な視野で、主として宗教（芸術・道徳を含む）と政治（経済・法律を含む）と歴史の面から追究した。かれは、青年時代の論文（手記『民族宗教とキリスト教』）のなかで、民族精神を一人の息子《むすこ》にたとえ、この息子を育てる父は時代すなわち歴史であり、母は政治であり、乳母《うば》（息子の教育者）は宗教であるといっている。そして、乳母が息子を教育する際に、補佐として芸術を必要とするとして、芸術は宗教の侍女《じじょ》であるともいっている。つまり、かれにとっては、歴史と政治と宗教（芸術）の三つは、互いに区別されながらも作用しあい、連関しあって統一を形づくり、民族精神を構成する主要な契機であったのである。かれは生涯をかけて、これらの契機の矛盾的な相互関係の道理を明らかにすることに専心した。

若い時代のかれは、フランス革命やカント哲学の影響を直接的にうけており、思想的には、理性を重んじて旧思想をうち破ろうとする啓蒙主義や民主的な共和主義の立場から、純粋に、新時代の精神と民族のあり方を探求した。しかし、壮年から晩年にむかうにつれて、現実がどうしてこうなったのか、という歴史的な条件や状況を重視するようになり、ただ頭のなかだけで、純粋に合理的に考えだした理想を、実現できるものだと思っていた若い時代の啓蒙主義・共和主義の限界を自覚するようになった。

かれのこのような考え方の変化には、かれじしんの実存的・哲学的な思索の深まりということもあるのであるが、とくに、かれの生涯のうちに完結しそうもない、「希望と恐怖」のくり返しともいえるフランス革命以後のめまぐるしい歴史的推移（ジャコバンの独裁・ナポレオンの出現とその没落・ウィーン体制・七月革命など）についての反省や、個人中心の近代市民社会に内在する宿命的な矛盾、ならびに一九世紀はじめのドイツの状況などが大きく影響しているといえるであろう。

そこで、かれは、ドイツの現実をふまえて、「理想（自由）と現実（権力）とをいかにして統一づけるか」という問題を、積極的に追究するようになった。一九世紀はじめのドイツの状況は、プロイセンとオーストリアの両国を中心に、いぜんとして小国に分裂しており、ナポレオンの没落後に、ヨーロッパを支配した反動主義の波（自由主義運動をおさえるウィーン体制）におされて、まだ立憲的な国家でさえなかったのである。「自由と統一と憲法」の問題、これが当時のドイツの課題であった。そこで、壮・晩年のヘーゲルは、現実的・客観的に眼前に展開しつつある近代市民社会を分析し、立憲君主制を肯定する立場に立って、民族（国家）のあり方を探求した。かれが、『法の哲学』という書物を著わして、国家における人間のあり方を、近代市民社会における諸問題をとりいれながら、根本的に追究したのも、ちょうど、このころ（一八二一）のことである。かくして、晩年のかれは、ゲーテが文学界を、ベートーベンが音楽界をリードしたように、完全に哲学界をリードするにいたった。

しかし、歴史の転換期における研究者の歩む道はイバラの道である。若い時代のかれは、物心両面にわたって、多くの試練とたたかわなければならなかった。とくに、一三歳で母を失ったこと。また、大学卒業後のながい暗かった七年間の家庭教師時代。そして、ようやく三一歳になって就職できたイエナ大学が、ナポレオン戦争の結果、閉鎖されて失職したこと。さらに四六歳までの約一〇年間を、地方の小さな新聞社で、インクにまみれて編集の仕事にたずさわったり、設備のととのっていないギムナジウム（高等中学校）で、薄給の校長として苦労したことなど。激動する世界のできごとと平行して、かれは波瀾《はらん》と苦難にみちた時代をいろいろと経験する。学者の道を選んだものとして、まさに、人生の「冬の時代」ともいえる、きびしい、そして時には屈辱《くつじょく》を感じて絶望におちいるこれらの生活を、かれはねばり強く耐えしのび、そのつど、先輩や友人たちの厚い友情によってのり越えていく。かれの残した若い日の手紙の多くは、この友情の記録であり、それは告白と感謝のことばでつづられている。しかし、かれは、苦難のなかでも、真理の探求をやめなかった。

苦難をとおして

のちに、かれがハイデルベルク大学およびベルリン大学で完成させた「哲学の体系」は、このもっとも不遇な時代のなかでその原型がめばえ、つぎつぎに形成されていったのである。自由や愛や運命の問題を探求した青年時代の諸論文や、不朽の名著といわれる『精神現象学』、およびヘーゲル哲学の核心をなす『論理学』などの大著作は、「哲学の体系」の基礎となるものであるが、すべて、この苦難の時代に仕上げたものである。多くの苦難をとおしての自己形成・世界形成という点にこそ、ヘーゲル哲学の神髄《しんずい》があるとわたしは思う。

思想の湖にして巨峰

かれは、新時代の精神である「理性と自由」を、生涯を通じてのモットーとして生きた。いうまでもなく、近代精神の本質は、人間性を肯定し、人間の能力（感性や理性）を信頼するということにある。したがって、近代哲学の課題は、①ちょうど、近代自然科学が純粋な学問として宗教から独立したように、哲学を神学の侍女としての地位から解放して、「学問（科学）として の哲学」にまで高めること。そのためには、②学問（科学）的な知識を成り立たせる基礎としての人間の能力（感性や理性）を再確認し、感性や理性の権能とその限界を明らかにすること。そしてそのことを通じて、③世界や歴史の主体としての人間の自由を確立することとであった。イギリスのベーコン、ロック、ヒューム、大陸のデカルト、スピノザ、ライプニッツ、ヴォルフ、ルソー、カント、フィヒテ、シェリングなどは、それぞれ、これらの課題を追究した哲学者である。そしてヘーゲルは、これらの哲学者の極限に位置している。

ヘーゲルは、人間の理性や精神を究極の絶対者（神）の位置にまで高め、いっさいのものを、その絶対的な精神の発展するみちすじにそって、低きより高きへ発展的・段階的に位置づける壮大な「哲学の体系」（学問としての哲学）をきずいたのである。かれの思想体系の壮大さや思考の方法は、よくアリストテレス（古代思想の総決算者）のそれと比較されるが、ヘーゲルの哲学には、かれ以前のあらゆる思想が広くとりいれられている。

だから、ヘーゲルは、①カントにはじまり、フィヒテ、シェリングにうけつがれた一連の哲学（ドイツ観念論）の完成者といわれ、②近代精神の総決算をした人とみなされ、③ギリシア的理性（知識・ヘレニズム・合理主義）とキリスト教の精神（信仰・ヘブライズム・非合理主義）とを融合・統一したといわれている。またかれは、とくに、④弁証法という論理を確立した人としても有名である。

いつの世でもそうであるが、歴史的な大きな転換は、けっしてバラ色の道をとおってたんたんと進むものではない。ヘーゲルの生きた時代は、まさに、新しい世界像の形成にむかっての陣痛の時代である。したがって、先進国・後進国を問わず、それぞれ、新しいものと古いものとの対立や、理想と現実とのくいちがい、あるいは自由主義と反動主義とのあらそいなど、いろいろと解決の困難な問題や矛盾をかかえていた。ものごとを矛盾や対立をとおして、発展的・統一的にとらえるヘーゲルの見方や考え方（弁証法）は、このような複雑な歴史的・社会的な諸事情を反映してできあがったといえよう。また、「世界史は自由の意識における進歩である。」というかれの歴史に対する見方も、めまぐるしく移り変わってゆくこの時代における、かれの体験と思索に根ざしているということができる。

ヘーゲルは、『哲学史』や『法の哲学』のなかで、あらゆる哲学は、ちょうど個人がだれでも、もともとその時代の子であるように、その時代に属しており、その時代の制限をとび越えて外に出ることはできない、と述べ、哲学はその時代を思想においてとらえたものであり、哲学の課題は、存在するところのものをすじみちだててとらえること（概念的に把握すること）である、といっているが、ヘーゲルとその時代の人びとにとって、目の前にくりひろげられているこの「現実」を、根本から深く正しくとらえることが、なによりも大事な問題だったのである。

このことは、いいかえれば、哲学者ヘーゲルにとっては、「存在の認識」という伝統的な哲学観（形而上学＝存在の根本原理を究明する哲学＝存在論の立場）を保持しつつ、存在するものとしての歴史的現実のなかをつらぬき、かつ、リードしている理性（精神）の真の姿を、すじみちだてて明らかにすることであった。その意味で、ヘーゲルは形而上学者[1]（論理学者）であるとともに、近代史のゆくえとドイツの現実とを見さだめようとした現実主義の社会哲学者・歴史哲学者であり、またドイツの国民的哲学者であったといえよう。

現実の枠《わく》をこえて進もうとするならば、わたしたちは、かえって過去のいっさいをうけついでいる現実を愛し、現実のなかにはいりこんで、そこに生きている存在の魂（理性）をとらえ、その魂に従うことによって、現実の運命をになわなければならない。ヘーゲルもまた、このように考えたのである。

ドイツの歴史学者ランケは、世界史におけるローマ史の意義について、「いっさいの古代史は、いわば一つの湖にそそぐ流れとなってローマ史のなかにそそぎこみ、近代史の全体は、ローマ史のなかから再び流れ

1) ヘーゲルの哲学において、論理学（弁証法論理学）は、たんに思考の法則・認識の理法を明らかにする学であるばかりでなく、同時に「実在の法則」「存在の理法」を明らかにする学でもあったので、論理（弁証法論理）の法則は、存在の法則としてみずから展開することによって、自然・世界、さらには神をも把握することができるとされる。したがって、かれの論理学は存在の根本原理を把握するものとして、同時に形而上学（存在論）でもあったのである。論理学＝形而上学＝存在論。この点は、ヘーゲルを理解するうえで注意しなければならないことである。

であるということができる。わたしはあえて、もしローマ人がいなかったならば、歴史の全体が無価値なものとなっていたであろうといいたい。」(ランケ『世界史概観』岩波文庫)と述べているが、このたとえを、もしヨーロッパの思想史のうえにあてはめるならば、ヘーゲル哲学こそ、過去の思想のすべてが流れこみ、未来の思想のすべてが流れでる湖であり、また、近代思想と現代思想との境目にそびえる巨峰であるということができるであろう。

「真理はつねにさまざまに語られる」

ところで、ヘーゲルの哲学はきわめて難解だといわれている。それは、第一には、ヘーゲルの文章がドイツ人じしんにとってもむずかしく、使っていることばの意味が、かれ独特で、読む人によって異なって解釈されやすいからである。第二には、ヘーゲルの弁証法が、「存在と思考」の両領域をつらぬいて変化し発展する論理であるために理解しにくいからである。そして、第三には、偉大な思想というものの宿命だが、思想の湖であり巨峰であるヘーゲル哲学は、ちょうど高い山や深い湖がそうであるように、それを見る人の立場や視点によっていろいろに解釈され、その全体像をあるがままにとらえることが困難だからである。

人びとは、ヘーゲルの思想を、それぞれ、宗教・論理・倫理・政治・経済・法律・歴史・芸術・悲劇などの各方面からいろいろと問題にしてきた。しかも、それらの見解はさまざまであり、必ずしも一致していない。

そこには、ヘーゲル哲学に対する多くの賛同者がいるとともに、また多くの反対者もいる。そして、その反対者のなかにも、ヘーゲル哲学が大きな成功をおさめたことへの敵対の気持ちから、プロイセンの御用哲学者であるとして、意図的に反対する人、ヘーゲルの用語が魔術的だとしてうけつけない人、またマルクスやキルケゴールのように、ヘーゲルをそれぞれの立場からきびしく批判し、非難しながら、かえって、ヘーゲルから多くの影響をうけている人などもいる。

ヘーゲル哲学は、その賛否両論の側から、実にさまざまに論議され、当時ではもちろんのこと、その後の哲学をはじめ、ひろく現代思想の各分野にも測り知れない大きな影響を与えている。マルクス主義や実存主義をはじめ、現代のおもだった思想は、いずれも何らかの意味で、ヘーゲルとの対決をとおして形成されているということができる。わが国においても、独自の哲学をうちたてた西田幾多郎《きたろう》をはじめ、田辺元《はじめ》の哲学、和辻哲郎の倫理学などは、いずれもヘーゲル哲学、とくにその弁証法思想との対決をとおして形成されているといえる。ヘーゲルを無視して、ヘーゲル以後の思想は理解できないのではなかろうか。ヘーゲル哲学そのものへの関心は、一九世紀の後半に一時おとろえたこともあったが、二〇世紀にはいって再び高まり、最近では、世界的に盛んにその研究が行なわれている。

「真理はつねにさまざまに語られる」ということばは、ギリシアのソポクレスのことばであるが、このことばは、幼少のころから、とくに、ソポクレスの書いた悲劇を愛したヘーゲルの哲学の性格と運命とを、もっともよく象徴しているとわたしは思う。かれの死後、かれの七人の友によって、ヘーゲル全集が編集されたが、このことばは、その各巻の扉に標語としてかかげられている。

人類の歴史への信頼

ヘーゲルの生涯は六一年間であった。そのうちの最後の数年間は、かれの全盛期で、ヘーゲル学派が形成され、最後の主著も完成し、大学総長に就任するなど、かれは哲学界に君臨した。だがそれは、苦悩をとおしての栄光というべきではなかろうか。とにかく、あるがままに人間ヘーゲルをみるならば、かれの生涯は「革命」ときりはなしては考えられないということに気づくであろう。かれは、ドイツの文学革命といわれるシュトゥルム-ウント-ドラング（疾風怒濤《しっぷうどとう》）の運動がおこった一七七〇年代に生をうけ、自我にめざめる青年期には、フランス革命とそのドイツへの波及を体験した。また、社会的に安定しなければならない壮年時代には、ナポレオン戦争とそれによるドイツの混乱のなかで苦しみ、落ちつかなければならない晩年には、自由主義と反動主義（ウィーン体制）とのはてしないたたかいの時代に生きた。そして、死の前年（一八三〇）には、かれ自身が予見していた新しい革命、すなわちフランスの七月革命とそのドイツにおける影響（自由主義運動）を体験する。かれは、このようにめまぐるしく変動する世界の限界状況のなかで、その生涯の大部分を、多くの苦難や絶望に耐え、希望と恐怖のいりまじった革命の時代に生きることを自己の運命として、世界や国家における人間のあり方を真剣に探求したのである。しかも、そのような革命の時代に生きる苦悩のなかで、かれはだれよりも強く人間に対する信頼、人類の歴史に対する信頼をもち続けた。わたしたちは、この力強さと英知を、この人から学びたいと思う。

わたしたちは、ながいあいだ、現代をおおっている不安・絶望・虚無の暗い谷間で、自己を見失ったまま低迷しすぎたのではなかろうか。

さあ、窓を開けよう！　そして、わたしたちは、わたしたちのなかに生きている人間ヘーゲルとともに、世界や人生への愛と希望を語りあい、明日への勇気をやしなおうではないか。わたしたちの生きているこの二〇世紀後半の世界は、いまや、アポロ時代の到来とともに、大きく変わろうとしている。

一九七〇年一月一五日

大月の山荘にて

澤　田　　章

目次

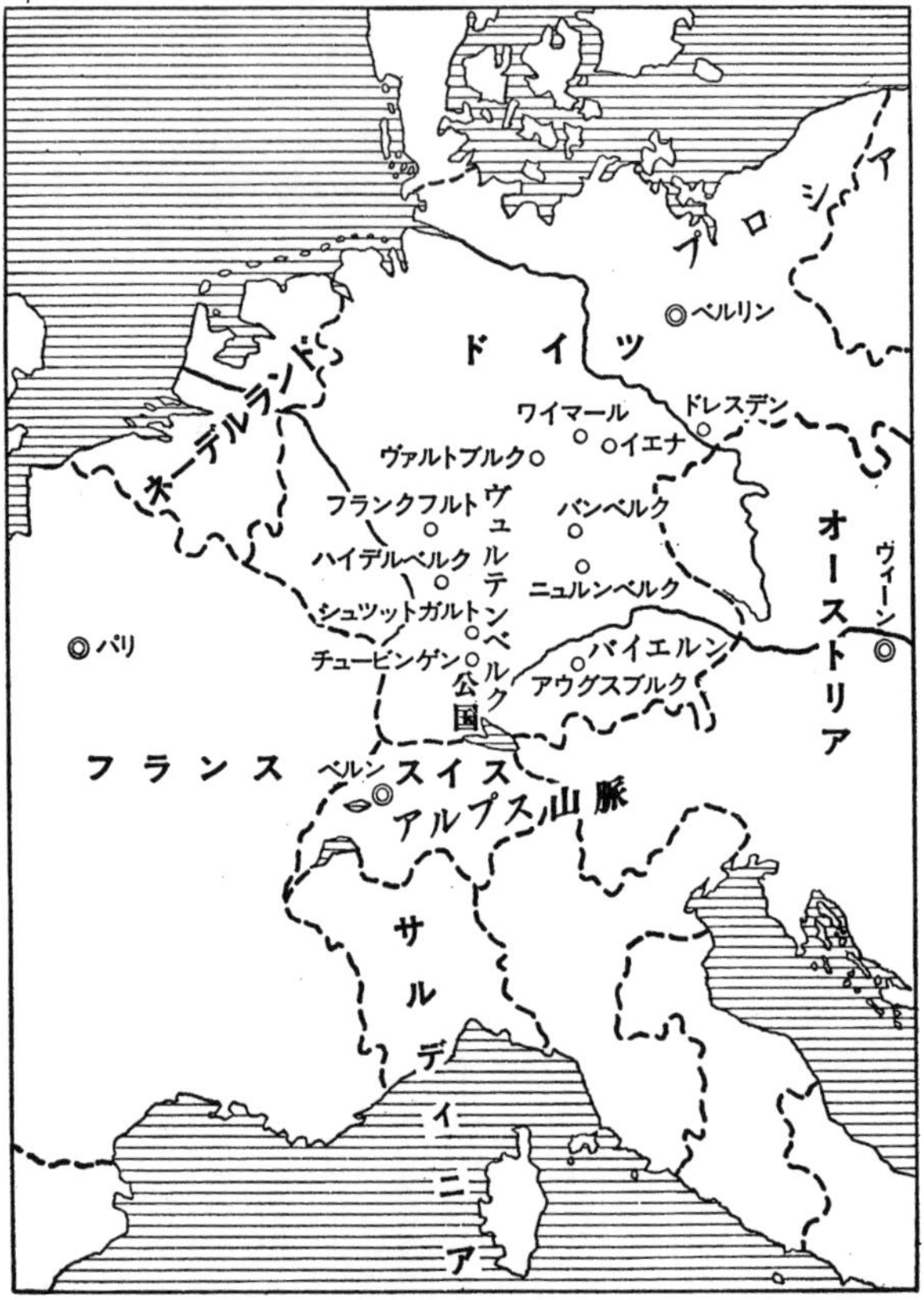

フランス革命当時のヨーロッパ

Ⅰ　若い日の体験と思想

——自由・愛・運命の探求——

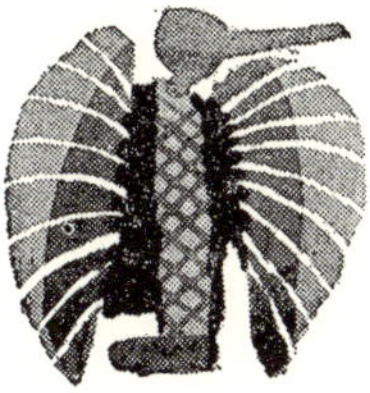

幼・少年時代のこと

――非凡と凡庸――

友よ　太陽に向かって努力せよ！
人類の救済が　熟する日も近い
さえぎる木の葉や枝が　なんだ
太陽のもとまで　突き進め！
そして疲れたら　それもよかろう
眠りは　それだけ深い

このことば（ヒッペル『人生行路』より）を、いつも自分にいい聞かせて、フランス革命にたいする期待とともに、祖国の人びとの立ち上がりをうったえていた若い日のかれ。

哲学者に生まれるなんて神に呪《のろ》われているんだ！（『ヘーゲル書簡集』）

と、苦悶《くもん》し、逆境とたたかった壮年時代のかれ。

堅実で平凡な家庭

そのかれ、ゲオルグ＝ヴィルヘルム＝フリードリヒ＝ヘーゲル Georg Wilhelm Friedrich Hegel は、一七七〇年八月二七日、苦悩の多い真理探求の一生を、ドイツのヴュルテンベルク公国の首都シュツットガルトで歩みはじめた。一七七〇年といえば、ジェームス＝ワットが蒸気機関を発明してから五年後、ナポレオンがコルシカ島に生まれてから一年後であるが、ドイツでは、この年に、かの楽聖ベートーベンや詩人のヘルダーリンも生まれている。こんにち、わが国では、一九七〇年といえば、日米安全保障条約の改定をめぐって、問題の年といわれているが、この年は、ちょうどヘーゲルの生誕二〇〇年にあたっている。

シュツットガルトにあるヘーゲルの生家

ヘーゲル家の祖先は、一六世紀のころに、新教徒を迫害したオーストリア領内のスタイエルマルク地方やケルンテン地方の鉱山地帯からのがれて、ルターを信奉するヴュルテンベルク公国にきた新教徒の移住者の一人で、ケルンテンからシュワーベン地方にきたヨハネス＝ヘーゲルという錫器《すずき》などの鋳造者（カンネンギーシェル）であったといわれている。移住してきたヨハネスは、のちに小都市の長（ビルガーマイスター）に選ばれたが、かれの子孫はこの国の各地で、手工業者、あるいは牧師や新教の監督、あるいは弁護士や市の書記としてさまざまな職業にたずさわった。一七五九年一一月一一日にマルバッハで、詩人シラーに洗礼を授けたのも、この一族の牧師ヘーゲルであった。

哲学者ヘーゲルの祖父は、ヴュルテンベルク西部にあるシュワルツワルト（黒森）地帯で、行政区の長をしたといわれている。また父のゲオルグ＝ルードヴィヒ（一七三三〜九九）は、ヴュルテンベルク公国の君主カール＝オイゲン公につかえる実直勤勉な収税局書記官で、のちには遠征隊の参事官でもあったが、この国では高官に属する人であった。母のマリア＝マグダレナ（一七四一〜八三）は、この国の民会の役員をつとめるフロム家の出身で、一七六九年九月二九日に二八歳でルードヴィヒと結婚し、ヘーゲル家の人となったが、信仰にあつく、豊かな感情と知性をもった教養ある婦人であり、少年ヘーゲルにラテン語を教えたといわれている。

家庭のふんいきは質朴でまじめで、古風なプロテスタント的気風にみちていた。ヘーゲルは三人兄弟の長子で、下には弟と妹がいた。弟のルードヴィヒは軍隊生活に入り、公国の士官として服務したが、ナポレオンのロシア遠征（一八一二）に従って戦死している。また妹のクリスティアーネは、大変な兄思いであって、ヘーゲルとはながく親交をむすんだが、ヘーゲルの死の翌年、不幸にも精神系の病いで不帰の客となっている。どこの家庭にも、よろこびや楽しみがあるとともに、また、秘めた悲しみや悩みごともあるものである。わたしたちのヘーゲルは、このような貧しくもなく裕福でもない、いわゆる堅実で平凡な家庭に生をうけたのである。

（左）シラー　（右）ゲーテ

平和な中にきざしていた新気運

さて、人生のあけぼのともいえる夢多き幼・少年の時代を、かれは故郷のシュツットガルトで送った。平凡なようで非凡なヘーゲルの資質の多くは、すでにこの時代に芽ばえ、着実に形成されてゆく。かれは五歳でラテン語学校にはいり、七歳（一七七七年秋）から一八歳（一七八八年秋）までをこの地のギムナジウムで学んだ。

ギムナジウムというのは、大学へ進むための中等学校（高等中学校）で、時代や領邦によってその修業年限や組織や程度に多少のちがいはあるが、かなり高度の勉強が要求される学校であった。イギリスのパブリックスクール、フランスのリセやコレージがこれにあたっているが、こんにちでは小学校四年をおえてから入学し、在学期間は通常九か年間である。

ヘーゲルの幼・少年時代には、ドイツの文壇では、レッシングやゲーテ、ついで若きシラーが活躍しており、とくに、ゲーテとシラーはこの時期に、ドイツ文学史上の一時期を画する「シュトゥルム-ウント-ドラング」（疾風怒濤）といわれる革新的な文学運動を展開していた。そして、哲学界では、カントが、これまでのイギリス経験論と大陸合理論とを総合・統一したといわれる『純粋理性批判』[1)]（一七八一）を著わし、人間理性の価値を明確にして、注目されはじめていた。政治上では、一七七二年にプロイセンのフリードリヒ大王がロシアならびにオーストリアの皇帝らと共謀して、第一回のポーランド分割に成功しており、一七七六年には、アメリカ合衆国の独立宣言がなされている。また、一七七八年には、フランス革命を導く思想のうえで大いに貢献したルソーとヴォルテールがともに世を去り、一七八六年には、プロイセンの名君フリードリヒ大王も亡くなっている。なお、この時代にイギリスでは、資本主義の先進国として産業革命が進行しており、一七七六年に、アダム＝スミスが『国富論』を著わしている。

そして、ヘーゲルの郷国ヴュルテンベルクでは、絶対主義の専制君主カール＝オイゲン公と民会との多年にわたる争いが、のちに述べるような「相続協定」の成立（一七七〇）によっておさまり、以後二〇余年間におよぶ平和な時代を迎えていた（「ヴュルテンベルクの事情」参照）。後年、ヘーゲルは、この期間をもっとも祝福されたとき――もちろん理想化しているにしても――と賛美している。

つまり、かれの誕生とその幼・少年時代は、ドイツおよびヨーロッパ各地における現実否定の「革命」的な新気運と、ヴュルテンベルクにおける「平和」（対立をとおしてえられた現実）という異質的な二つの状況の交錯するなかに位置づけられていた。だが、幼・少年時代のヘーゲルは、外部の歴史的なできごとと直接

1)　カントのこの書は第一批判ともいわれている。人間の認識（科学的に知ること）は、客観としての対象（現象）のたんなる模写・反映として、対象にのっとって成り立つのではなく、逆に対象が、主観としての人間の認識能力（広義には理性、狭義には感性・悟性・理性）に依存して構成されるところに成り立つということを明らかにしたものである。カントはこの書をとおして、科学的にものを知る場合に作用する人間の理性の権能と限界を明らかにし、理性の価値を確立した。そして、人間の知識（科学的な認識の成果）が、普遍的な妥当性をもって成り立つことを基礎づけた。

にかかわりなく、郷国の平和のなかで、自由にすくすくと育っていったのである。かれは、ギムナジウムでは非常によく勉強し、どの学年でも賞を授けられる模範生であった。ただ、少年の日のヘーゲルにとって、生涯忘れることのできない悲しいできごとは、最愛の母と恩師を失ったことである。

母の死

「ひとりの良母は、一〇〇人の教師にまさる」（ヘルバルト）といわれるが、かれの良き母は一七八三年九月二〇日、ヘーゲルのまだ一三歳のときに、四二歳の若さで幼い三人の子供を残して他界した。ヘーゲルは六歳のとき、悪性の天然痘《てんねんとう》にかかり、すでに一命も危《あや》ぶまれるほどであったが、この母の献身的な看護で助かっている。かれは、ずっと後まで、母の愛を忘れることができず、喜びにつけ悲しみにつけ、愛惜の心をもって思い出している。「子を持って知る親の恩」「孝行をしたいときには親はなし」ということばもあるが、かれは四五歳になり、三人の子の親となっても、「今日はわたしたちの母の命日です。この日をわたしはいつまでもおぼえています」と、妹にあてた手紙に書いている。およそ、母ほど子を思うものはなく、また子ほど母を慕うものはない。母は子の人格の生地《きじ》をつくり、父はその上に図柄《ずがら》をえがくようなものだとたとえることができよう。どれだけ多くの人が、母の愛にめざめて、自分の本来の生地にかえり、人生における絶望やドン底から立ち上がったことであろう。

思索するものの歩む道は、つねに孤独である。思索するものは孤独のなかに住み、孤独に徹して、たえず自分自身ときびしくたたかわなければならない。そして、その孤独な疲れはてた魂の立ちかえってゆくオアシス、愛の泉——それは、ある時には心のなかの母であり、またある時には、母なる大地としての故郷や祖国ではなかろうか。シェークスピアは「ゆりかごを動かす手は、世界を動かす」といったが、のちに世界的な哲学をうちたてたヘーゲルにとっても、かれの人がらやものの考え方の上に、幼少の時代をはぐくんだプロテスタントとしての家庭のふんいきや母や恩師の教え、そして、故郷や祖国が、たえず「見えざる手」として大きな役割を演じているといえよう。

レフラー先生と少年ヘーゲル

少年ヘーゲルは、ギムナジウムで、レフラー先生をいちばん敬愛していた。かれはこの先生に、八歳のときに受け持ってもらったが、その後、一〇歳と一三歳のときにも個人的な授業を受けている。イソップ物語や新約聖書を教わり、キケロやパウロの書簡を読み、ヘブライ語を少しばかり習った。先生の方でもこの少年にたいへん興味をもち、その才能を認め、大いに将来を期待していた。かれは、わずか八歳のヘーゲルにドイツ語訳のシェークスピアを、そのうちにわかるようになるから、ということばを添えて贈っている。少年が、シェークスピアのもので最初に読んだのは、喜劇『ウィンザーの陽気な女房たち』であったといわれている。

少年ヘーゲルは、一四歳の終わりにこの大好きな先生を失った。一三歳になってまもなく最愛の母を亡くしているヘーゲルにとって、ひき続いておこったこの先生の死はどんなにか悲しいことであったろう。一七八五年七月五日の少年の日記をみると、先生へのつきせぬ思い出を感激をもって書きしるしている。

「レフラー先生は、私のもっとも尊敬してやまない先生の一人であった。とくにギムナジウムでは、私はあえて先生をいちばんすぐれた人だったと断言する。先生はこのうえなく誠実で公平であった。生徒のため身を捧げることが先生の唯一の念願であった。他の先生たちが何年たっても変わらない授業を習慣的に続けてゆき、もはや生活の道をえてしまった以上、なにも勉強する必要がないと思っているなかにあって、先生だけはそうは考えなかった。先生は断じてそのようなところにとどまっていなかった。先生は、学問の価値とそれがいろいろな場合に人間にあたえる慰めをよく知っていた。あのなつかしい小さな部屋のなかで、先生は何度うれしそうに私のそばにきて腰かけたことであろう。そして、私も何度先生のそばにいってすわったであろう。先生の功績を知るものは少ない。先生がこんなところに埋もれて働かなければならなかったのは、不幸なことだった。もう先生はいない。でも私は、いつまでも先生の思い出を、静かに胸のうちに抱きしめておこう。」

この一四歳の少年の、いまは亡き先生に対する愛惜のことばのなかに、少年のきわめて信実な、賢い、そして、いくぶん早熟な性質をみることができるであろう。なつかしい部屋で信頼しあった恩師と語った日を、少年は感激にみちた心でまざまざと想いおこしているのだ。（クーノー＝フィッシャー『ヘーゲル伝』甘粕石介訳三笠書房　参照）

ギリシア悲劇を愛した少年　ギムナジウムでの教育は、ギリシア・ローマの古典が中心であり、古代の作家・歴史家・哲学者・詩人たちのものを読むことであった。そのなかでも、少年ヘーゲルの心をとらえたのはギリシア悲劇であり、かれは、とくにソポクレスの『オイディプス王』や『アンチゴネ』などが好きで、『アンチゴネ』をじぶんで翻訳したといわれている。

ソポクレス

少年の愛読した『アンチゴネ』という作品は、心やさしく、気高く美しい女性アンチゴネが、肉親への愛ゆえに破滅の道をたどる悲しい運命をえがいたものである。この作品のすじは、同じソポクレスの『オイディプス王』や『コロノスのオイディプス』、アイスキュロスの『テーバイにむかう七人』などとも深い関係にあるので、それらを考えあわせながら、この名作のすじを紹介してみよう。

むかし、ギリシアはテーバイ（テーベ）の国のことである。王のライオスは、かつて、美青年クリュシッポスを誘惑し、女神ヘラに対して罪を犯したことがあり、そのためデルフォイの神託は、王ライオスが自分の子に殺され、また、その子が王の妻をめとることを告げた。それにもかかわらず、王はイオカステと結婚し、オイディプスを生む。だが、王は神託の実現されることを恐れて、その子を妻のイオカステに命じて処分させた。

ところが、イオカステはすぐに、殺さずに母の情というものであろう、家来に命じて山の奥深くもっていって捨てさせた。その家来はまた、隣国からきた羊飼いの男に会って、その子を渡した。その子は隣の国コリントスの王に養われ、すくすくと育ち、やがて、知恵のすぐれた立派な青年となった。

だがあるとき、実の父に対してと同様の神託がオイディプスにもくだったので、それを実現させないために、かれは流浪《るろう》の旅にでる。そして、テーバイの郊外にきて、夕ぐれの近いころ、道の三つにわかれているところで、かれに暴行を加えようとした人びとの一行と争い、ついにこれを殺してしまう。その一行のなかの老人が、実はライオスであった。したがって、オイディプスは知らないで実父を殺したことになる。

かれは、テーバイに入るにあたって、いままでだれにも解けず、人びとを苦しめていたスフィンクスの謎《なぞ》を解いて、[1] テーバイの人びとを救い、王位を継いで、なき王の妻イオカステを、すなわち実母を配偶者とした。かれは善政をしき、人望をあつめた。やがてかなりの年月がたち、王妃とのあいだに四人の子も生まれた。

そのころ、テーバイに厄《やく》病と飢饉《ききん》がおこり、町は全滅にひんした。オイディプスは、民のためにその原

1) スフィンクスの謎とは、朝は四本足で、昼間は二本足で、晩は三本足で歩く動物は何か、であり、その答えは、人間である。人生の朝すなわち乳児期には手足四本で、人生の昼には二本足で、人生の晩年には杖をついて三本足で歩く。

因を究明しようとする。そして、その結果、かえって、自分の生い立ちと行動の呪《のろ》うべき真実を知る。イオカステは首をつって死ぬ。かれは、妻のかんざしで両眼をえぐって盲目となり、われとわが身をきびしくせめ苦しめ、娘のアンチゴネとイスメネに手をひかれてさすらいの旅にでる。そして、コロノスの地で、オイディプスは自分の臨終の場所を見いだし、罪を清めて神秘的に死んでゆく。その後、二人の娘はふたたびテーバイに帰ってくる。

ところで、オイディプスの去った後、テーバイでは二人の息子が王位を争い、その結果、兄エテオクレスと弟ポリュネイケスが、一年ずつ交替して支配するという妥協が成立するが、期限がきても兄は王位をゆずろうとしないために、弟はアルゴスという国に去り、そこの王アドラスの娘をめとり、その軍勢を率いてテーバイに攻めてくる。兄エテオクレスはよく防いで敵を撃退したが、城門の近くで、ポリュネイケスとあい討ちとなってともに倒れる。

かくて、王位は――『アンチゴネ』という作品は直接にはここから始まっている――かれらの母イオカステの弟クレオンの手に帰した。クレオンは、兄のエテオクレスを国家の忠勇な戦士として手厚く葬ったけれど、弟のポリュネイケスに対しては、反乱者であるという理由で、その死体を鳥や野犬の食うにまかせ、埋葬することを厳禁した。そして、その命令にそむいたものは死刑にすると布告した。

しかし、二王子の妹アンチゴネは、一人の兄はていねいに埋葬されたのに、いま一人の兄が、人間として大きなはずかしめをうけていることをみるにしのびえず、禁を犯して、ポリュネイケスの死体に、ひとり泣きながら埋葬の礼をほどこした。クレオンはかの女をとらえて岩穴に幽閉する。

かの女は、「私は、憎《にく》みあうためにではなく、ともに愛をわけあうように生まれついたのです。」と絶叫するのであった。

さて、王クレオンの息子たちのなかで末の、最後に残った息子ハイモンは、アンチゴネとは許婚《いいなづけ》のあいだがらであった。かれは、父をいさめるが聞きいれてもらえず、激しいことばのやりとりを最後に、大急ぎで、アンチゴネを救い出そうと岩穴へ出かけてゆく。しかし、きてみれば、かの女は岩穴の奥深くで、すでにみずからの命を絶っていた。ハイモンは、乙女を抱きしめながら嘆き悲しみ、思いあまって、その場で自害するが、それは、息子のことを気づかってかけつけてきたクレオンの面前においてのことである。かくて、クレオンもまた、あまりにも罪深く、思慮のない、かたくなな自分を深く後悔し、悲嘆の涙に沈むのであった。しかも、クレオンにはさらに、アルゴスの国から暗い復しゅうの不安が迫ってくる。ポリュネイケス方の戦死者の埋葬はすべて禁じられていたが、かれらの死体を食った鳥やけだものが、悪臭をアルゴスの国に運んでゆき、清浄な祭壇を汚したために、復しゅうが決意されていたのである。

このようにして、アンチゴネと同じく、クレオンもまた、没落の深みに落ちていくことになる。「いのちたえる人間の身に、定められている運命をまぬがれる道はない。」――クレオンの嘆き、そしてコロス(合唱隊)の「おもんぱかり(思慮)をもつというのは、しあわせの何よりもたいせつな基《もとい》、また神々に対する務め（霊を弔うこと）は、決してなおざりにしてはならない。おごりたかぶる人びとの大言壮語は、やがてはひどい打撃を身に受け、その罪を償《つぐな》いおえて、年老いてから、おもんぱかりを学ぶが習いと。」というフィナーレとともに、この劇は終わる。

少年ヘーゲルは、このような限りなくきびしい、そしてはかない人の世の苦悩と運命をえがいた悲壮なギリシア悲劇を、なによりも愛したのであった。（呉　茂一ほか編『ギリシア悲劇全集』第二巻、人文書院。金子武蔵訳『ヘーゲル全集5巻』岩波書店参照）

ギリシア悲劇の教えるもの

少年ヘーゲルにめばえたギリシア精神に対する理解とあこがれは、その後、大学に進んで、ギリシアを熱愛したヘルダーリンと交わることによってますます深められ、一生のあいだ持続する。そして、かれの思想形成の上に大きな影響を与えるのである。

ところで、ヘーゲルのとらえたギリシア精神が、その深いところで、ギリシア悲劇をとおして得られたものであるということを注意しなければならないであろう。ふつう、キリスト教の精神とともに、ヨーロッパ文化の二大源流の一つとされるギリシア精神の特徴は、明るい・楽天的・現実的・調和的・合理的な性格をもっているとされている。だが、ギリシア悲劇は、酒の神・再生の神であるディオニュソス（バッカス）の祭りに捧《ささ》げられるもので、種族対種族、個人（家族）対種族という人間関係（人倫）における、避けることのできない苦悩や矛盾を主題とする深刻・悲壮な運命劇であり、それをつらぬいているものは、明るい・合理的なギリシア精神というよりは、むしろ、ギリシア精神の底にひそんでいる暗い・厭世的・彼岸的・対立的・非合理的な意欲であるといえよう。[1)]

　したがって、ヘーゲルが少年時代から生涯を通じて、ギリシア悲劇に強くひきつけられたということは、かれの関心が、少年のころから、矛盾にみちた悲劇的な世界や人生の事実にむけられていたことを表わしているとともに、やがて、かれの哲学的な思索が、たんなる楽天的な合理主義ではなく、世界や人生における重苦しい運命・矛盾・非合理とたえず苦闘しながら、その克服をめざすという方向に進んでいくことをさし示しているともいえよう。このことは、かれがのちに、民族宗教の問題やキリスト教についての歴史的・社会史的な研究をおこなうようになるにつれて、いっそう明らかになっていく。徹底した合理主義者・論理主義者といわれるヘーゲルの哲学や弁証法の根底には、このような悲劇的な世界観や人生観がひめられているのである。

　ただ、ギムナジウム時代のヘーゲルについて、とくに注意しなければならないことは、少年の日記や抜き書きなどによって明らかなことであるが、①少年は、ギリシア精神を、ギムナジウムでの教育の影響もあり、当時の啓蒙主義の立場から理解していたということ。しかも、②その啓蒙主義を、かれは、イギリスやフランスのようにたんに個人の教養の問題としてではなく、民族または国民の教養の問題として、人倫的

1) ニーチェは『悲劇の誕生』(一八七二)という書物のなかで、ギリシア芸術を研究し、ギリシア精神のもつ明るい・合理的・楽天的な面をアポロン型といい、暗い・情意的・厭世的な面をディオニュソス型と名づけて、ギリシア悲劇が、この両者の矛盾的な性格の結びつきのうえに成り立っていることを明らかにしている。

（共同体）な立場から理解していたということである。また、③政治観についていえば、この時期における少年は、国家を市民社会と同一視しており、社会契約説を認めていたということも注意しておかなければならないであろう。

したがって、少年ヘーゲルは、ギリシア悲劇にあらわれている人間存在のもつ運命としての苦悩や対立の問題を、たとえば『アンチゴネ』という作品についていうならば、たんにクレオン対アンチゴネといった個人対個人の次元においてみるのではなく、それらを、国家（社会）の法（人間のおきて）と家族（個人）のモラル（死者の霊を弔うという神々のおきて）との矛盾し、対立する社会的な人間関係（人倫）の場に位置づけてみていたのである。すなわち、クレオンにせよ、アンチゴネにせよ、かれらの行為は、どちらのおきてに従おうとも、それぞれ、罪と責任をのがれることはできず、しょせんは、運命による没落が必然的であったということ。しかも、この両者のおきては、人間生活においてどちらも大事であるが、人間がそれに従って、真実に生きようとすればするほど、かえって不幸におちいるといった矛盾をもっているので、現実に存在するには十分な資格をもっているとはいえず、これらのおきて自体もまた、かれら同様に、没落の運命をまぬがれえないということ。そして、人倫的生活を律するに値する真の法は、この両者のおきての分裂や対立を統一するより高い次元に成り立つものではなかろうか、ということ。ヘーゲルは、はやくから、このような方向にそって、問題をみていたのである。

要するに、かれが、ギリシア悲劇をとおして得た問題は、人間を没落に導く対立や分裂という人倫的生活における運命の問題であり、いかにして、この運命としての対立や分裂を克服し、統一するかということであった。

かれは、大学卒業後の若き日においても、ひき続いて、これらの問題ととりくんだ。そこでは、かれは、運命の問題を「自由」の問題と関係づけながら、あるいは「国家と運命」の問題として、あるいは「運命と愛」（愛による運命との和解）の問題として、人倫的な見地から追究している。これらの問題は、やがて、イエナ時代に書き上げる『精神現象学』のなかで、整理され、体系的に位置づけられるのである。

ギムナジウム時代の勉強の態度と仕方

さて、啓蒙主義の影響を強く受けていた少年ヘーゲルは、ギリシア・ローマの古典の学習とともに、人間および人間の発展史に強い関心をもち、課外の勉強においても、歴史をはじめ、政治・芸術・教育・道徳などの知識を広く追究した。

かれの日記はこの時代のものから保存されているが、そこには、かれの学んだこと、遊んだこと、まわりにおこったことなど、じぶんの考えや反省を加えて、すべてきちょうめんすぎるくらいにしるされている。そして、かれの課外研究の処理の仕方には、少年のうちからすでに立派な学者のやり方が示されていた。読んだものを注意深く書き抜き、いつでもすぐ利用できるように、各ページごとに整理し、見出しをつけて、その内容を忠実に保とうとするなど、おどろくほどの努力を続けている。ずっとあとまで続くこの習慣は、やがて、大学者として無数の素材を手ぎわよくこなし、社会的・歴史的なできごとの本質を無比の適確さで表現する才能にまで発展するのである。

この時代の日記と抜き書きとは、少年が啓蒙思想家のメンデルスゾーンやズルツァーやニコライらに親しんでいたことを示している。さきにのべたように、啓蒙を民族または国民の教養の問題とし、国家と市民社会とを同一視する考えは、これらの啓蒙学者から学んだものである。

なお、この時代のかれは、古典の教養とともに、とくに歴史に対する教養の点ですぐれていた。それは、モンテスキューやツキジデスやリヴィウスらのものを読み、さらに、当時現われた教会史家シュレックの世界史を熱心に読んだことによるものであった。この時代におけるかれの歴史を学ぶ態度は、歴史上の偉大な人物や事件の意義を明らかにし、それを説明するために必要な、歴史の底を流れる本質的な特徴をたえず求めていたことである。歴史の哲学的な理解こそ、カント以後の哲学の大事な任務であり、とくに後年の哲学者ヘーゲルに課せられた課題であったが、少年ヘーゲルは、当時すでにその方向に進んでいたのである。

一七八五年六月二七日および七月一日（七月五日にはレフラー先生が亡くなっている）のかれの日記には、シュレックの『普遍的世界史』（一七七四〜八四）における歴史記述の方法、とくに、できごとと教訓とを結合する方法に感心して、意見をしるしている。それによると、「長い間わたしは、実用的歴史とは何かということについて、思いをこらしてきた。いまや、わたしはこれについてかなりあいまいであり、一面的ではあるが、一つの見解をえることができた。」と述べている。そして、実用的歴史とは、たんに事実を物語るだけでなく、その背後にある有名な人物や各国民の特性・風俗・習慣・宗教などに立ちかえり、それらの変化と他国民とのちがいを明らかにし、諸帝国の興亡をあとづけ、国家にとってのさまざまなできごとや変化が、国民にどのような憲法と特性をその結果としてもたらしたかを研究するものである、としている。

このような「実用的歴史」は、啓蒙主義者のヴォルテールやモンテスキューの歴史をみる見方として始ったものであるが、ここで重要なことは、わずか一四歳の少年の歴史をみる見方のなかに、やがてかれが重視するようになる「民族のあり方」という問題についての、主要な契機である民族の特性（民族精神）・政治（憲法）・宗教などのことが、すでに含まれていることである。

ものごとを納得のいくまでねばり強く追究した少年ヘーゲルは、また、鋭い批判精神のもち主でもあった。かれは日記の多くをラテン語で書いているが、そのうちの「引用について」（一七八六年三月）という記録では、上級生の間で流行しているラテン語の乱用に対して、きわめて鋭い批判を加えている。かれが批判するのは、いろいろな書物から集めてきたことばを、その意味や語源を調べもしないで、だれが使っているのか、歴史家であるか演説家であるか、それとも哲学者であるか詩人であるかを区別もしないで、でたらめに使用することに対してである。修辞上のかえことばや誇張のために用いる表現を、歴史的なことがらを論ずるのに用いたりすると誇大な表現となってしまう。

「人びとは、ことばや語句をそれだけで孤立的にとりだして、そのことばの精神や本質について少しもかえりみない。ことがらそれ自身が少しも問題にされていない。」

「あらゆるものがごちゃまぜにされている。演説家が論題をはっきりさせ、あることを論証しようとしてとくに強調して使ったことばを、歴史的なつまらないことがらにも応用している。」(クーノー＝フィッシャー『ヘーゲル伝』甘粕石介訳 参照)

少年ヘーゲルのこのことばのなかに、はやくも、後年の批判精神にもえた恐るべき思想家の姿をみることができるであろう。それにつけても、少年ヘーゲルのことばは、無責任な言語や文字の横行しているこんにちの社会に生きるわたしたちにとっても、まことに、傾聴にあたいするものではなかろうか。

長所は短所に通じ、短所は長所に通ずる

このように、古典と歴史の教養においてとくにすぐれており、勉強の仕方についてもいろいろと思いをこらし、日記や抜き書きを作って、鋭い意見や批判を加え、ねばり強くコツコツと勉強にはげんだ非凡な少年ヘーゲルではあったが、反面において、かれにもたいへん凡庸《ぼんよう》な面があった。

およそ、欠点のない人はいないであろう。欠点はたしかにその人にとってマイナスである。人はそのためにいろいろと苦労し、失敗もする。だが、人は欠点をもつから美しくもあり、また愛されるべきものなのではなかろうか。その人らしさというものは、たんに長所によってだけではなく、かえって、その深いところでは短所によって、または、短所をとおしてこそ現われるものではなかろうか。よくその人の長所は短所に通じ、短所は長所に通ずるといわれるが、その人にとって、本当に生きている長所とか特徴というものは、いろいろと苦労や失敗を経験して、じぶんの短所や欠点を自覚し、それをなんとかして克服しようとすることによって、一歩一歩と形成されていくものではなかろうか。

ギムナジウムでは、上級になると、修辞法の練習のために、ドイツ語の作文をつくり、それを朗読する課目があった。ヘーゲルの欠点の一つは、この作文朗読である。かれは作文朗読を、卒業のときのを含めて四回おこなっている。かれの発表は、ギリシアやローマの政治や宗教、古代と近代の詩人のちがいなどについてのものであったが、そのいずれも歴史をよくしらべ、考え方の点でほめられたが、その発表の態度や音声の点では、かなり欠点があるとされた。この欠点は、大学生になってもつきまとい、かれは話し下手《べた》ということにされていた。なお、体操や武術もまた、無器用なかれには、まったくにがてな課目であった。

そのほか、かれには、愛読書について、つぎのようなエピソードがある。

すでにのべたように、ヘーゲルの少年時代は、ちょうどドイツ文学の高揚期と一致していた。レッシングでいえば、そのもっとも活動した時期から生涯の最後の時期にわたっており、若きゲーテでいえば、ストラスブルグ滞在期からイタリア旅行の時期におよんでいる。この時期にレッシングは、『エミリア＝ガロッティ』（一七七二）や『賢者ナータン』（一七七九）を出しており、またゲーテは、ドイツ文学の新生をめざす「疾風怒濤」と呼ばれる文学運動の中心人物として、『ゲッツ』（一七七三）や『若きヴェルテルの悩み』（一七七四）その他の作品をつぎつぎと出して活躍していた。この疾風怒濤時代の第二の高まりは、若きシラーの初期の戯曲によってもたらされたが、かれは兄弟間の殺しあいを主題とした『群盗』（一七八一）や共和主義的悲劇『フィエスコ』（一七八三）、市民悲劇『たくみと恋』（一七八四）、その他『ドン＝カルロス』（一七八七）などを著わした。

『群盗』はシュツットガルトでもいちはやく上演され、問題になった戯曲であった。一方、イタリアに滞在していたゲーテは、この時期に、『イフィゲーニエ』(一七八六)、史劇『エグモント』(一七八七)などを出している。

このような不滅の意義と影響力をもった世界的な文学作品を、ギムナジウム時代のヘーゲルは、ほとんど読んでいなかったようである。読んだと思われる証拠の残っているのは、わずかに『フィエスコ』ぐらいであって、あとは大学生になってから、『賢者ナータン』から引用したものが、断片としていくらかある程度である。

シラーの処女作『群盗』の扉

ところが、かれは、一七八七年一月一日(一六歳)の日記に、新しい日にはいろいろのことをしようと思うのだが、どうも一つの小説にとらわれてしまって、それから離れることができない、と書いている。その小説とは、ヨハン＝テモティウスという人の書いた『メメルからザクセンへのゾフィーの旅』という、当時の文芸作品のなかでは、もっとも通俗的で、退屈このうえないとされていたものであった。それは、六巻からなり、限りなく続く長い手紙を集めてできた一少女の運命小説で、七年戦争の終わりごろ、ゾフィーという少女が行方不明になった腹ちがいの弟をたずねて、メメルからロシアをとおってドレスデンまで旅をするというすじのものであった。

ものごとにこり性《しょう》なヘーゲルは、ありそうもない事件を、あれこれとまぜあわせた貧弱きわまりないこの物語に、すっかり心をうばわれていたのである。おどろくほどの批判の眼をもった少年のなかにも、なお、このような面もあったのである。ヘーゲルのこの日記を読んだショーペンハウエルは、じぶんの弟子《でし》に手紙を書き、鬼の首でもとったように、少年時代の「わたしの愛読書はホーマーである。ヘーゲルの愛読書はメメルからザクセンへのゾフィーの旅である。」と言っている。(クーノー＝フィッシャー『ヘーゲル伝』甘粕石介訳参照)

いろいろのエピソードとともに、凡庸ともみえ、また非凡ともみえるこのほほえましき少年は、その後、平和な、そして夢多きまどろみの幼・少年時代にさようならを告げ、自我にめざめ、社会への目をひらく青年期に、大学へと進学する。そして、かれは、この大学時代を一つの転機として、新しい時代にむかって変動する世界史のゆくえを見とおしながら、ながい苦しい体験と思索の生活をかさね、後年の大思想家へと自己を形成していくのである。

そこで、わたしたちは、かれの青年時代の問題に入るにさきだって、ヘーゲルの生い立った時代の祖国ドイツと郷国ヴュルテンベルクの状態が、どのようなものであったかをしらべておこう。

立ち遅れのドイツ

ドイツのみじめさ

わたしたちは、すでに、幼・少年時代のヘーゲルが、幸いにして平和の続いていたヴュルテンベルク公国の生まれ故郷で、直接には、外部の歴史的なできごととかかわりなく、自由にすくすくと育っていたことを知った。しかし、ヘーゲルの生い立ったこの時代に、イギリスは、すでに産業革命をおし進めて資本主義の道を歩んでおり、フランスは、ひたすら旧制度の打破と市民社会の形成にむかって進んでいたのである。それにひきかえ、ドイツは、一部の知識階級における文学や哲学、あるいはプロイセンや若干《じゃっかん》の領邦国家における動きなどをのぞけば、全般的にみて、はなはだしく立ち遅れており、また、おどろくほどのみじめな状態にあった。

一八世紀後半の、とくにフランス革命以前のドイツのみじめさについて、西北ドイツ出身のエンゲルス（一八二〇〜九五）は、つぎのように語っている。

「安心していられるものはだれ一人なかった。この国の手工業・商業・工業・農業はほとんど無にひとしい状態におちいっていた。農民や商人や製造業者は、吸血鬼のような政府と不景気との二重の圧迫を感じていた。貴族や諸侯は臣民《しんみん》から税をしぼりとっていたにもかかわらず、増大する支出に収入の歩調を合わせることができなかった。すべてがまちがっていた。そして全面的な不安が全土をおおっていた。教育が行なわれず、一般の人心に対する有効な手段が講じられず、出版の自由がなく、公共精神がなく、他国との広汎《こうはん》な通商さえなく――いやしさと利己心――いやしい、ずるい、あさましい小商人根性だけが、もっぱら全人民の間にしみわたっていた。すべてが朽《く》ちはて、たおれかかり、急速に滅亡にむかいつつあった。好転の望みは少しもなく、死んだ諸制度の腐りきった死体を運びきる力さえ国民のなかにはなくなっていた。」

「もし、無数の出典がそれを証拠だてなかったら、五〇年前のドイツの状態がこんなだったとは、だれにも信じられないだろう。」「フランス革命が、突如《とつじょ》としてドイツとよばれる混乱状態を雷のようにおそった。それは、すさまじい影響をおよぼした。」（エンゲルス『ドイツの状態』、邦訳『マルクス・エンゲルス選集』大月書店、第一巻 参照）

また、シュワーベン出身で、ヘーゲルの親友であった詩人ヘルダーリン（一七七〇～一八四三）は、叙情味ゆたかな『ヒュペーリオン』という書簡体の小説のなかで、

「ドイツ人ほどひき裂かれた国民は考えられない。職人はいる、だが人間はいない。思想家はいる、だが人間はいない。僧侶はいる、だが人間はいない。主人と下僕、未成年者と分別者はいる、だが人間はいない。」

と、いっている。エンゲルスにせよ、ヘルダーリンにせよ、かれらのことばは、およそ、フランス革命以前

のドイツの一般的状況に関する限り、けっして虚構ではなく、また誇張ではなかったのである。

「ドイツはもはや国家ではない」

当時のドイツは、正式には「ドイツ国民の神聖ローマ帝国」と名のっていたが、その内部は、およそ三〇〇あまりの小さな領邦に分裂しており、フランスのヴォルテールのことばではないが、神聖でも、ローマでも、帝国でもなかった。たとえば、ヴェストファーレン地方などには、一二〇〇平方マイル（鹿児島県の約三分の一に相当し、奈良県よりも小さい広さ）に五二もの領邦があったといわれている。それらは、それぞれ王領・選挙侯領・公国・大公国・司教領・皇太子領・侯（伯・男）爵領・帝国直属の自治都市などであり、世襲の領土であった。しかも、それらの領邦は、いずれも絶対君主によって支配され、その君主につかえる貴族・官僚・軍隊をもち、それぞれ税関を設けており、いわば小独立国であった。

領邦内の国務は、財政・司法・警察・宗教などに分かれ、それぞれ専門の長官（大臣）がおかれていた。また、ルター主義の諸邦では、牧師も一種の官僚であり、聖・俗の両権はすべて領邦君主の手に帰していた。一般に、領邦内では、貴族・市民・農民という厳格な身分制が固定化しており、君公はその上に恵み深い「国父」として君臨していた。そして領邦君主にとっては、ドイツ国民の共通の利益などは問題ではなかったのである。かれらは、絶対君主のつねとして、内にあっては快楽や遊興にふけり、外に対しては近隣地域の国境争いに精力を浪費して、視野のせまい「領邦的エゴイズム」にとらわれていた。また、帝国直属の自由市でも、市民的自由を示す兆候はまったくなく、世襲の市長や自選の市会議員や役人たちが、利権と結びついて専制政治をほしいままにしていた。

領邦政治の成り立つ基礎は経済である。そこで、各領邦では、遅ればせながら、重商主義的保護政策（国家の保護・干渉のもとで有利な貿易をおこない国富を増大させようとする政策）を実施して、自国の経済の維持に力をそそいだ。だが、国家の強い力を必要とするこの政策が成果をあげるには、小国分立の領邦単位ではあまりにも弱く、とうてい、西欧の列強に太刀打ちすることができなかった。ドイツでは、領邦的エゴイズムをすてて、統一的な「関税同盟」が結ばれるには、ヘーゲル死後の一八三三年まで待たなければならなかったのである。したがって、当時は、どの領邦でも財政の赤字が悩みのたねであった。そのうえ、フランス流の宮廷生活のぜいたくと、複雑な官僚のしくみや常備軍の維持は、莫大《ばくだい》な費用を必要とし、ますます領邦の財政を窮地においこんでいた。

領邦経済のこの赤字は、この国の身分制的な社会秩序のもとでは、結局のところ、領邦貴族や都市貴族（市参事会員）をとおして、領邦内の都市の住民や農民のうえに、苛《か》酷《こく》な租税の負担となってかかっていった。このことは、一方では、都市の没落と中産市民階級の未成熟を決定的にし、一部の市民を堕落させて、宮廷や貴族におもねる利己的な御用商人へと追いやるとともに、他方では、農村の荒廃と農民層の無気力を招き、生産力を低下させることとなった。何から何までしぼりとられてどうしようもなかったのは、勤労者、なかでも国民大多数の農民（たいていは農奴《のうど》）であった。メーリング（一八四六〜一九一九）は『ドイツ史』のなかで、「農民は恐るべき抑圧のもとに、人間として生きているというよりか、むしろ植物的存在をわずかに保っていた。」と語っている。

フランス革命以前のヨーロッパでは、イギリス人にとって自由ということばが、オランダ人にとって貿易ということばが、そして、フランス人にとっては栄誉ということばが、それぞれの国民生活の信条であったが、ドイツ人の場合には、それは、ただ服従ということば以外のなにものでもなかったのである。まことに当時のドイツの一般的状況は、西欧の列強にくらべて、一世紀以上も立ち遅れていたようにみえる。ヘーゲルもまた、のちのことになるけれど、第一回対仏戦争（一七九二〜九七）に敗北したドイツの現実を憂えながら、三年有半をついやして書き上げた『ドイツ憲法論』という政治論文（未完の遺稿）の冒頭で、「ドイツはもはや国家ではない」と嘆いている。

分裂の宿命

〝なぜに、ドイツという国は、こんなにみじめなほど、近代化が遅れてしまったのだろうか。〟哲学者ヘーゲルが、若い日からいだきつづけた基本的な問題も実はここにあったのである。そこで、わたしたちは、ドイツの宿命的な分裂の根源を知るために、この国の歴史にかえって、要点を整理してみよう。

ドイツという国が神聖ローマ帝国を名のるようになったのは、遠く、東フランク王国のオットー一世が、九六二年にローマ教皇から帝冠をうけてからであるが、それ以来、ドイツ国王は、ローマ帝国の皇帝の継承者としての地位を兼ね、イタリア統治の責任をも負うことになった。

①そのため、歴代の皇帝は、世界統治の夢を追ってイタリア政策に心をうばわれ、肝心のドイツ国内の統一をなおざりにした。

②とくに、一一世紀末から一二世紀はじめにいたる、約五〇年間の教皇と皇帝の争いは、ドイツ国内に大きな変化をもたらし、この争いの間に、諸侯は勢力を強化し、しだいに領主化していった。また皮肉なことに、皇帝は教皇に対抗するため諸侯を懐柔《かいじゅう》する必要が生じ、かれらにいろいろの特権を与えざるをえなかった。

③ついで、一二世紀後半に、いままで世襲制だった国王が諸侯の選挙で選ばれるようになったが、一二五六年から約二〇年間は、皇帝位が外国の王公に売られ、実質的に皇帝の空位の時代（大空位時代）が続いた。そのため、諸侯の領邦君主化が進められた。

④その後、ドイツの実権はしだいに特定の大諸侯に集中していく。そして一三五六年に金印勅書（黄金文書）がだされ、国王の選出権は大諸侯である僧・俗七人の選帝侯に帰した。この時、かれらは法的に皇帝から裁判権その他の特権が認められ、領邦国家の君主となった。その後、数百に分裂していた地方の諸侯たちも、はじめは選帝侯だけに認められていた諸特権を獲得し、しだいに領邦君主となっていく。

当時のイギリスやフランスは、ドイツとは逆に、十字軍や百年戦争（一三三八〜一四五三）の結果、封建制がくずれ、君主権がのびて国家統一へとむかっていた。

⑤ドイツでは、一四三八年以後、ヘーゲルの時代の一八〇六年に神聖ローマ帝国が滅亡するまで、オーストリアのハプスブルク家が歴代にわたって皇帝位を独占していたが、有名無実になっていた皇帝の力では、ドイツの割拠《かっきょ》性をどうすることもできなかった。

しかしながら、このような状況のうちにも、中世末期から一六世紀はじめにかけて、帝国の個々の部面では注目すべき動きもあったのである。それは、一四世紀後半に、リューベック市やハンブルク市を中心に、北海沿岸の諸都市（八〇）が、ハンザ同盟を結成して、北欧の商業権・漁業権を独占し、一四・五世紀において全盛をきわめていたこと。また、一六世紀はじめに、イタリアのメディチ家をしのぐ大金融業者として、国際的名声をえていたアウグスブルクのフッガー家の力を背景に、西南および南ドイツで、集中的企業組織ができ、国際的水準に達するほど、商工業が栄えていたことである。

フッガー家

しかし、これらの繁栄もなが続きしなかった。というのは、一つには、地理上の発見によってヨーロッパの繁栄の中心が、北欧や地中海岸から大西洋岸に移動したからであり、さらに重要なことは、隣国フランスをはじめ西欧各地に中央集権国家ができつつある時代に、ドイツは、いぜんとして中世以来の分裂にとどまっていただけでなく、せまい領邦的エゴイズムにとらわれて、一層、その分裂をおし進める方向をたどっていたからである。したがって、一六世紀後半には、まず、ハンザ同盟諸都市が没落し、ついで、ハプスブルク家の財政の破たんにともなって、さすがのフッガー家も、ドイツ初期資本主義のはかない運命を象徴するかのように、おとろえていった。

分裂を強化したドイツの近代史

ところで、このような政治的分裂にもかかわらず、いやむしろ、そのためにこそ、ドイツでは一六世紀のはじめに、国民的意識（ナショナリズム）のもりあがる動きがみられた。それは、社会的には、宗教改革の運動、ならびに農民戦争として展開した。だが、不幸なことに、現実の政治的な支柱を見いだすことのできなかったドイツでは、その結果は、まったく西欧の列強と逆の方向へとドイツ国民を導いていってしまったのである。

⑥宗教改革は、ローマ教皇と皇帝カール五世に対する反抗というかたちで進められたが、ルターは、かれらに対抗するため諸侯と結びついた。すなわち、かれは、一五二〇年に『ドイツ国民のキリスト教貴族に与う』という小冊子を公にし、教会改革案をかかげて、その実施を領邦君主に要請したのである。したがって、ルター主義では、新教の諸侯は、最高の司教であり、領内の教会を支配して聖・俗の両権をあわせもつという「統治者の宗教」の原則が保証され、諸侯の権限が一層強化されることとなった。宗教改革以後、ドイツは旧教諸侯と新教諸侯にわかれて争い、ますますドイツの統一に逆行する方向へと進んでいった。

⑦また、「キリスト者の自由」というルターの教えに励《はげ》まされておこった農民戦争は、比較的進んでいた西南ないし中部ドイツの農民層を主体とし、都市の住民も加わった農奴解放・封建制打倒の運動であったが、無惨にも、諸侯およびルターの反農民的態度によって平定されてしまった。この敗北によって、農民層さらには都市市民層の国民としての積極的な意識や階級的自覚はしぼんでしまい、ドイツ国民の政治的自由はまったく失われてしまった。各領邦はこれ以後、ますます反動的な官憲国家・警察国家として、絶対主義の体制を強化し、貴族・市民・農民という身分制的な社会秩序を固めていった。

⑧そして、ドイツの分裂を決定的にし、近代化をはばんだ致命的なできごとは三〇年戦争であった。ドイツでは、一五五五年のアウグスブルクの宗教和議後も、新教徒と旧教徒の対立は激しく、ついに一六一八年、ボヘミアの新教徒の反乱をきっかけとして、三〇年にもわたる戦いが始まった。この戦争は、デンマーク・スウェーデンが新教側を、スペインが旧教側をそれぞれたすけて、ヨーロッパを二分する宗教戦争にまで発展した。しかし、旧教国フランスがハプスブルク家に対抗するため新教側を援助したことから、この戦争はたんなる宗教上の争いだけではなく、政治的利害のからんだものになってしまった。

したがって、この戦争の終結である一六四八年のウェストファリア条約は、「帝国の死亡証書」ともいえるものであった。宗教に関しては、新旧両教徒の同権と、かの「統治者の宗教」の原則が確認されたが、フランス・スウェーデンは領土を獲得し、スイスとオランダは独立が正式に認められ、またドイツの各領邦は、フランスとスウェーデンの保証のもとで、完全な国家主権が認められて独立国となり、神聖ローマ帝国は名

三〇年戦争に苦しむ農民

だけのものとなった。そして、多年の戦争とそれにともなう疫病や掠奪《りゃくだつ》によって、都市や農村は荒れはて、人口は激減し（戦前ドイツの人口は約一八〇〇万を数えたが、終戦時には約七〇〇万に減少）、商工業は破壊され、都市中産階級の没落を招き、ドイツの近代化は他の西欧諸国より一世紀以上にわたって遅れるにいたった。（林健太郎『ドイツ史』、山川出版社　参照）

かくして、「ドイツの自由」とは、皇帝権の打破と領邦主権の完成という「政治的分裂の自由」に転落してしまったのである。ドイツの近代化は、このみじめな分裂の状態を土台として始めなければならなかった。わたしたちが、さきにみた「ドイツのみじめさ」は、このような運命をたどったドイツ史の延長線上にある状態だったのである。

ところで、このような分裂にあえぐ領邦国家のうち、さまざまな矛盾と限界をもちながらも、自滅への道を歩むことなく、とにかく、その組織と勢力の点で、やがて西欧諸国と肩を並べられるまでに抜きんでていった国は、ドイツの北と南に位置し、互いに張り合っていたフリードリヒ大王（在位一七四〇〜八六）のプロイセンと、ヨゼフ二世（在位一七六五〜九〇）のオーストリアとであった。これらの君主は、ともに啓蒙的専制君主といわれているが、一八世紀の後半、すなわちヘーゲルの時代になると、それぞれ、領邦内を統一し、力による国づくり（上からの近代化）を進め、外に対しては、たえずお互いを好敵手として意識し、フランスやロシアやイギリスと微妙な勢力の均衡を保ちながら、近隣諸国を併合して自国の領土を拡大していった。とくに、ユンカー（大農場主＝土地貴族）の国といわれるプロイセンの発展は、一九世紀におけるドイツ統一（一八七一年、ドイツ帝国の成立）の基礎をきずいたものとして注目に値する。しかし、これらの国といえど、国民生活において「ただ服従あるのみ」というあの忍従のモラルは、相変わらずであり、いやむしろ、ますます強められることがあっても弱められることはなかったのである。

ドイツ近代史の悲劇（Ⅰ）

このようなドイツの重苦しい状況のもとでは、かつて、宗教改革や農民戦争の当時にみられた国民的意識（ナショナリズム）の高まる余地はまったくなく、また、言語・風俗などあらゆる面に、フランス風の文化がかなり普及していたけれど、フランス人のような市民的精神が、ドイツ社会の現実に結びつくこともなかった。ドイツ人の多くは、フランス革命やナポレオン帝政にともなう戦乱によってゆりおこされるまでは、「国民としてめざめること」および「市民的精神をもって旧制度をうち破ること」という二つの重要な問題に気づかず、モザイクのように小さくひき裂かれた領邦国家のエゴイズムと堕落のなかで沈滞しきっていたのである。

しかし、中産階級の知識人たち、なかでもその優秀なものたちは、窒息しそうなドイツ社会に、いつまでもおとなしく従ってはいなかった。当時の社会では、かれらの多くは、たとえ大学の教育を受けても、適当な活動の場をうることが、きわめて困難であり、貴族や名門の家庭教師でもするよりほかに、パンにありつく道はほとんどなかった。わがヘーゲルはもちろんのこと、カント・フィヒテ・シェリング・ヘルダーリンらもみな家庭教師の道を歩んだのであった。領邦君主の保護をうけて、確実な官職につくことなどは、まったく例外的な幸運だったのである。知識人たちは、このような閉ざされた社会のもつ矛盾にたえかね、市民的自由の立場から、ドイツの現実（封建的絶対主義）に対して反抗を開始したのである。

だが、かれらは、個人としてどんなに激しく社会の現実に反発を感じたとしても、ドイツ人の多くが、国民としての意識にめざめるどころか、無自覚のまま、四分五裂の領邦体制のもとで沈滞しきっている限り、政治的行動をもって闘争することはできなかった。だから、かれらは、哲学や文学（小説・詩・劇など）の領域で反逆したのである。一八世紀半ばから始まった啓蒙主義の運動および一七七〇年代におこったシュトゥルム-ウント-ドラング（疾風怒濤）の文学運動などが、それである。しかし、こういう形での現実への反抗をよく考えてみるなら、フランスでは、旧制度の打破という形で現実化・歴史化されていく市民的精神が、ドイツでは、花を開き、実を結ぶべき社会という現実の土壌を失っていたため、哲学や文学の領域で、ただ頭のなかの理念の問題として、普遍的・コスモポリタン（世界市民）的にしかとりあつかわれていない、ということを意味しているといえよう。

いうまでもなく、一七・八世紀のヨーロッパにおこった啓蒙主義は、キリスト教的中世の超人間的・超自然的な世界観にたいする反対から生まれたもので、それは自然的なあるがままの人間の能力、とくに、「神にたよることを要しない人間の能力である理性が、広くすべてのものにわたって通用するねうちをもつものとして認められるべきであるということ」、すなわち「人間理性の価値の普遍性」を主張するものであり、「人間の解放および世界支配――ヒューマニズム――」を根本の精神とするものであった。

したがって、啓蒙主義は、「思想運動」として、社会的には、歴史的現実との深いつながりをもち、当時の宗教的・政治的・封建的諸勢力に反抗する形をとるところにその特色があった。それなのに、ドイツにおける啓蒙主義は、現実の人間を解放するという正しい形で、現実社会の土台につながらなかった。このことは注意しておかなければならないことである。

思想運動としての啓蒙主義が主張する「人間理性の価値の普遍性」ということは、歴史的な現実とのかかわりをもつ限り、具体的な意味（具体的な普遍性）をもつものであって、ドイツのように、歴史性・現実性をきりすてて、たんに理念として、精神的・内面的・理論的・抽象的にのみ追究してしまえば、もはやそれは抽象的な意味（抽象的な普遍性）しかもちえない。歴史的にいえば、もともと、啓蒙主義の唱える人間理性の価値の普遍性は、社会的には、近代市民革命が普遍的な妥当性・正当性をもって成り立つことを保証し、基礎づける原理であった。その意味で、まさに、「フランス革命は啓蒙主義の完成」であったのである。

したがって、ドイツのように、頭のなかだけでの理性や自由や人格の問題の追究は、たとえ、それが普遍的な原理の追究として、理論的・論理的に完全無欠なものであったとしても、そしてまた、その限りにおける哲学上の功績（思想における優位）は認められるとしても、結局は、片手おち（抽象的な普遍性）であったといわなければならない。それでは、人間理性の価値は、形式だけのもので内容を失い、その価値は無力化してしまう。いや、無力化どころか、のちに述べるように、その価値は、かえって現実的には歪《ゆが》められ、変質してしまう。いかなる思想といえども、それが成り立つ根拠は現実である。だから、思想の内面化（理念化）は、思想の外在化（現実化）ときりはなせない。それをあえてきりはなしてしまえば、思想の追究は、たんなる観念の国（美的仮象の国）でのむなしい遊び（自己慰安）であるにすぎなくなる。

　これらのことを、詩人のハイネは、『ドイツの宗教と哲学の歴史』のなかで、恐ろしい比喩として語っているが、ハイネのいうように、魂だけつくられたものが、その肉体を求めて、日夜、「われに肉体を与えよ」とばかり、その創り主を追い回したとしたら、何と恐ろしいことであろう。カントからヘーゲルにいたるドイツ観念論が、批判をうけなければならないとすれば、まさに「肉体からきりはなされた魂のひとり歩き」ということの点であろう。ヘーゲルの親友ヘルダーリンもまた、一七九八年にフランクフルトで、つぎのようにうたっている。

ドイツ人へ

子供が鞭《むち》と拍車を帯びて木馬に跨《また》がり
自分は勇気があり　豪《え》らいと自惚《うぬぼ》れても嘲《あざ》けるな
君たちドイツ人もまた

行動に乏しく　思想ばかり膨《ふく》れているではないか

それとも電光が雲間から閃《ひら》めくように
思想から行動が生まれてくるのか　書籍がやがて生きてくるのか
もしそうなら　君たち愛するものよ　私を囚《とら》えて
この誹謗《そしり》の罪を　私に償《つぐ》なわせるがよい

（小牧健夫訳）

フリードリヒ大王

ドイツ近代史の悲劇（Ⅱ）

ところで、哲学史上におけるカント哲学のもつ偉大な功績のことは別として、カント（一七二四〜一八〇四）は、一七八四年（ヘーゲルが一四歳のとき）、フリードリヒ大王が世を去る二年前の「ベルリン月報」に、『啓蒙とは何か』という論文を発表している。そのなかで、かれは、「現代はすでに啓蒙された時代であるか」と自問しながら、「否《いな》、――しかし、おそらくは啓蒙の時代である」と答え、この「啓蒙の時代」は「いいかえればフリードリヒの世紀である」と述べ、この大王を他に比をみない啓蒙された君主とまでたたえている。そして、社会的・政治的な問題に関する〝言論の自由〟について、カントはつぎのように述べている。

「すでに、みずから啓蒙されており、影におびえることなく、同時に訓練のゆきとどいた多くの軍隊をかかえて公安を保証することのできる君主であってはじめて、共和国でさえ公言をはばかること――『いくらでも、また何ごとについても、意のままに論議せよ、しかし、ひたすら服従せよ！』ということばを吐《は》くことができるのである。」

王には無条件に服従せよ！という専制君主――たとえ啓蒙的であろうとも――のことばに対するカントのこのような賛美は、あれほどまでに、人間理性の無条件な自律と自由を、そして人格の尊厳を強調した大哲学者カントにしては、たしかに矛盾しているといえよう。しかし、偉大な哲学者カントにしてすらおこるこの矛盾は、けっして偶然のことではないのである。それは、少なくとも、ドイツの啓蒙主義が、国家権力の後見的機能と結びつくことによってはじめて、現実の政治生活の分野に作用することができた、ということを示しているのであって、後進国の近代化が、社会的な土台の未成熟なままに、上から権力的におし進めざるをえない、ということから生じた啓蒙主義のドイツ的な歪《ゆが》みであり、変質であるといわなければならない。

そして、この啓蒙主義のドイツ的な歪みや変質の典型（象徴）は、皮肉なことだが、プロイセンをしてドイツの指導的国家にまで高めたことから、啓蒙的専制君主の典型と称され、また名君と讃《たた》えられたフリードリヒ大王その人であるといわなければならないであろう。かれの言動は、あらゆる点で矛盾にみちていた。たとえば、口さきでは、実際のこととはうら腹に、自分のことを「国家第一の下僕」と称したり、『反マキャベリー論』という書物を著わして、まことしやかに道徳的な原理をふまえた国家統治を説きながら、実際の政治では、高度のマキャベリズムをもって権謀術数を弄《ろう》したり、あるいは、新聞など出版物の検閲の廃止を宣言して、ものわかりのよい開明的なゼスチャーをみせながら、実際には「秘密警察」の網をめぐらし、宿屋の主人にまで、客の私的談話や私信などの監視、不穏《ふおん》分子の告発などの義務をおわせていたことなどが、それである。ただ、かれは、たしかに信仰の自由だけは承認した。だが、それはかれ自身がもともと無神論者だったからである。

したがって、このようなドイツ的な歪《ゆが》みの社会では、結局、庶民は、みずからの職業を使命（ベルーフ）と信じて、自己を無にして精励し、国家（すなわち領邦君主）と教会（ルター主義では最高の司教すなわち領邦君主）の前にぬかずいて、ひたすら服従するよりほかに道はなかったのである。なぜなら、かれら庶民にとっては、ルター以来の教えによって、「見えざる教会」（天国の理念）に所属するよりほかに、自由というものはなかったし、敬虔《けいけん》に服従することが、同時に、神の権威にみずからを適応させることだったからである。また、この種のドイツ的な歪みと変質は、国民的意識の形成という点でもみることができる。そこでは、国民的意識は、現実を遊離して観念化され、コスモポリタン的にしか受けとめられていない。たとえば、哲学者で文学者としても知られるヘルダー（一七四四〜一八〇三）は、ゲルマン精神の独創性を主張した一人だが、かれ

ベルリン王立図書館　フリードリヒ大王時代に建立

の主張は、外国の文学や習俗をまねすることに反抗してなされたのであって、ドイツの国民的意識に立ってなされたものではなかった。かれは、西欧の列強のように武力とかけひきという残忍な手段によって富を獲得するよりも、ドイツの仕事は、世界の教師となり、天下の生きた哲学となることだ、と考えていたのである。ジャック＝ドローズが『ドイツ史』（橡川一朗訳　白水社、参照）のなかで明らかにしているように、少なくとも、愛国心の問題は、フランス革命以前のドイツでは、文化的性格しかもっていなかった。レッシング（一七二九〜八一）やゲーテ（一七四九〜一八三二）なども、国民国家をつくろうとする一部ドイツ人の野心を愚かなものと考えていたし、また、愛国心などというものは、およそ文明人なら赤面する程度の「英雄主義的なおくびょう」にすぎないとみていたのである。哲学者カントの場合も、けっして例外ではなかった。カント哲学では、「共和国」とは、道徳的な善意の人びとによってできる「目的の国」であり、理性（実践理性）の要請として求められる理想の国にすぎなかったのである。

本来なら、政治の領域で現実的に追究されなければならない問題が、この国では問題にならず、ただ、哲学や文学の領域で理念的・コスモポリタン的にしか展開できなかったということ、いいかえれば、「政治と知性とが背離していた」ということ、このことこそ、ルターの宗教改革以来の一帰結であるとともに、ドイツ近代史の悲劇であったといわなければならないであろう。

ドイツ人が、国民として目ざめ、市民的精神をもって自由と統一を実現しようとして立ち上がるには、さきにもふれたことであるが、フランス大革命とそれにひき続いておこったナポレオンの出現にともなう戦乱を、みずからにおいてきびしく体験することが必要であったのである。

ヴュルテンベルクの事情

ヘーゲルの故郷を離れて、広くそして遠くドイツの状態を展望してきたわたしたちは、ドイツの風の冷たさが、想像以上にきびしいものであることをあらためておもい知らされた。そして、いま再び、ヘーゲルの郷土に帰りついたのである。

この国の地誌と由来

わたしたちは、つぎに、かれの郷国ヴュルテンベルクについて知らなければならない。ヘーゲルは、大学を卒業するまでの大事な時期を、幸いにして平和の続いていたヴュルテンベルク公国で育ったが、若き日のかれをはぐくんだこの国の美しい自然や輝かしい歴史、そして、当時のドイツにおいて例外といえるほど、自由主義的な民会の勢力の強かったこの国独自の政治事情などは、かれの気質や思想形成の上に、大きな影響を与えているのである。

それでは、わたしたちは地図を参照しながら、まず、ヴュルテンベルクの地誌と由来から調べてみよう。

地質学の上で、硬・軟の地層が互いに重なり合ってゆるやかに傾斜している場合に、浸食の作用で、かたい地層の丘とやわらかい地層の低地とが、階段状に何列にも並行してできた地形のことをケスタ(cuesta)というが、ドナウ川の北側からライン川の支流のマイン川流域にいたる地域は、イギリスからフランスをへて南ドイツに続く、ヨーロッパの大規模なケスタ地形の一部を成している。南ドイツのこのゆるやかな階段状のケスタ地域の西半分は、ネッカー地方ならびにシュワーベン地方とよばれ、ヴュルテンベルクのシュツットガルト市が中心である。また、ケスタ地域の東半分は、マイン川流域であり、フランケン地方とよばれ、バイエルンのニュルンベルク市が中心である。

中世の九世紀には、ネッカー地方やライン上流地方およびスイスとの境にあるボーデン湖地方のほとんどは、これらの地方を支配していたシュワーベン公の領地であった。この公領は、一二六八年、最後のシュワーベン公が没してのち、分裂して数多くの領邦にわかれた。そのとき、公領は実力者ウルリッヒ伯に受け継がれたが、かれの後継者であるヴュルテンベルク伯は、ネッカー地方を中心に独立し、しだいにその領土を拡大していった。その後、子孫である髭《ひげ》のエーベルハルト伯（チュービンゲン大学の創立者）が功績によって、一四九五年に、ウォルムスの帝国議会で、ドイツ皇帝マクシミリアン一世から公爵位を授かり、この伯領は、この年以降「ヴュルテンベルク公国」と称して、ヘーゲルの時代にいたったのである。

この公国の面積は、ヘーゲルの生い立った時代には、約三六〇〇平方マイル（鹿児島県ぐらい）であり、人口は一七七一年に約四八万、一七九〇年には約六二万であった。一八〇五年、この公国は対仏戦争時代にナポレオン側に味方して、王国を名のるようになり、当時の君主フリードリヒ王は、ナポレオンのつくったライン同盟の有力メンバーとなって、一八〇九年には、領土を公国のときの二倍強（四国の広さぐらい）にまでふやした。

ヴュルテンベルクは、位置からいえば、ドイツの南西部にあり、東はバイエルン、北と西とはバーデンに接し、南はボーデン湖によってスイスに対している。ケスタ地形のため、がいして、山地またはゆるやかな階段状の丘陵地で、平均の高さは約五〇〇メートルである。西境には、ドイツ人の夏・冬のいこいの地として有名なシュワルツワルト（黒森）地帯が延び、また、南西部から北東部にかけてシュワーベン-アルプスが走って、北に流れるネッカー川と東にむかうドナウ川との分水界を成し、ヴュルテンベルクを二つの部分にわけている。

郷土の今と昔

ヴュルテンベルクは、歴史の古い国だけあって、山地の多い割にはよく開発されており、全面積の約半分が耕地または果樹園として利用され、そのほか、鉄鉱・岩塩・泥炭・木材などの生産もあり、工業もよく発達している。ヘーゲルの時代には、ネッカー地方を中心に、農業・林業・牧畜などがさかんであったが、また、羊毛やリンネルなどの繊維工業も発達していた[1]。ネッカー地方の東部と南部は多くの谷にきざまれ、森林の生いしげる山地であるが、西部と北部は肥沃な台地で、ぶどうや小麦をはじめ農産物が豊かであり、むかしから、シュワーベンの穀倉といわれてきた。

1) この国では、すでに一五世紀ごろから荘園制が、原則的には廃止されており、地代の納入も、労働地代（領主の畑でタダで働くこと）から生産物地代（一定の生産物を納めれば、あとは自由ということ）へとかわりつつあった。そして、それにともなって生産力も上昇し、とくに一六世紀はじめには、農村における手工業の発達がめざましかった。なお、一五一四年に、君公と人民との間で結ばれたチュービンゲン契約では、人民の自由移住の原則も確立されていた。したがって、この国の農民の状態は、当時のドイツ諸邦にくらべて、悪くなかったといえよう。

こんにち、この地域をたずねる人びとは、ネッカーの谷の日のあたる斜面に、一面にみごとな階段耕作のぶどう畑がつくられ、低地には、小麦をはじめ野菜・タバコ・ホップなどの畑がひろがっているのを見ることができよう。そして、どの村や町にも、いたるところに果樹園があって、春には、リンゴ・ナシ・モモ・サクランボ・スモモなどの花がいっせいに咲き、蝶や蜜蜂の飛びかう美しい光景に接することであろう。ここでは、大量の果実が産出され、また、モストという果実酒もさかんにつくられている。

ヘーゲルの故郷であり、公国の首府であったシュツットガルト市は、ネッカー地方の中心で、ライン川の支流ネッカー川にのぞみ、ゆるやかな山と美しい谷にかこまれた低地にひろがっている。この市は、「森林とぶどうにはさまれた都市」といわれ、ヘーゲルの時代から一九世紀の初めまでは人口二万を越えるか、越えないかの小さなおちついた市であったが、一九世紀半ば以降ドイツの産業革命の波にのって飛躍的に発展した。こんにちでは、人口約六四万という近代的な工業都市となり、機械・繊維・楽器・航空機・電気器具などの生産で有名である。また、出版業でも南ドイツの中心地として、北ドイツのライプチヒと並び称されている。

第二次世界大戦のとき、この市はしばしば空襲をうけ、一九世紀以前の建物はきわめて少なくなったが、こんにち、幼・少年時代のヘーゲルがかよった教会（シュティフツ教会・レオンハルズ教会）が、一五世紀ゴシックの代表的建築として残っており、また、かつてカール学院（カルルスーシューレ）の建物として使われ、詩人シラーが勉学に励んだことで有名な、一六世紀の建物である旧宮殿も残っていて、それぞれに過ぎ去ったむかしを物語っている。ヘーゲルの生い立った時代には、ヴュルテンベルクの財政につりあいのとれないほどの壮美な宮殿が、この市の北・西・南の郊外にいとなまれ、当時の絶対君主カール＝オイゲン公の権威を象徴していた。

ヘーゲルは、二三歳までヴュルテンベルク公国で育ったが、そのうち、ギムナジウムを卒業する一八歳の秋までをシュツットガルト市で、それ以後、大学を卒業するまでの五年間をチュービンゲン市で送っている。チュービンゲン市は、シュツットガルトについで歴史的に由緒《ゆいしょ》のある市である。人口はシュツットガルトにくらべてずっと少なく、現在でも約五万といわれており、ヘーゲルのいた時代には、約六千を数えるにすぎなかった。ヘーゲルとその学友たちは、美しいネッカー川にのぞむこの「森と古城」の静かな大学町で、新時代のおとずれる足音（フランス革命とカント哲学）を身近に聞いて、青春の血を燃やしたのである。こんにちでも、ヘーゲルが学んだ大学の講堂や寄宿舎、友だちと語って歩いた古い美しい町並みなどが残っている。

柔和な山と谷と川にかこまれたシュワーベンの美しい自然は、おのずから、人びとに、「自然と人生」にたいする親和の感情をはぐくみ、青空の彼方《かなた》への憧《あこが》れをいだかせずにはおかないであろう。ドイツ一九世紀の文学史上、シュワーベンの美しい自然をうたったシュワーベン詩派というロマン主義の一派があるほどで

チュービンゲン（神学院の教会をみる）

ある。また、夕日に映《は》える古城の姿は、シュワーベンの過去と現在をむすぶ歴史を静かに語り続け、人びとに、「世界と生」にたいするきびしさやあたたかさ、はかなさやよろこびを、しみじみと味わわせるにちがいない。まことに、シュワーベンの土は、歴史に残る数多くのすぐれた文学者や哲学者を生みだすのにふさわしかった。

シュワーベン気質

人はだれでも、環境との相互関係のなかで生き、環境によってつくられるとともに、また環境に働きかけてそれをつくっていく存在である。したがって、人間の存在を規定しているその人自身の素質と、その人のおかれている環境（生活条件）との関係は、互いに不可分であり、その人の人格《パーソナリティ》（その人独自の、全体としての統一的な人間像）は、この両者の密接な結びつきによって力動的に形成されているということができる。同様に、一定の地域に生活する住民もまた、かれらをとりまく自然的・歴史的・社会的な生活環境との相互関係によって、その地域の住民特有の気質を、ながい間かかって形成しているといえよう。

わが国では、「江戸っ子」とか、「浪速《なにわ》っ子」などということばで、その地域の住民の気質を表現することがあるが、ドイツでも、むかしから、シュワーベンの人びとは、「シュワーベン気質《かたぎ》」といわれる独自のものをもっているといわれてきた。シュワーベン人は、はやくからプロテスタンティズムの熱烈な信徒であり、あらゆる困難に耐え、堅くこの信仰を守りとおしてきた。すでに述べたように、ヘーゲル家の祖先も、信仰の自由を求めて、オーストリアの頑迷なカトリック君主の支配からのがれ、シュワーベン地方に移住してきたのであった。シュワーベン人は、農民戦争にも、三〇年戦争にも、あるいはまた、のちに述べるように、不当な領邦君主に対しても、つねに、新教徒として、主体的な自由の精神のもとに団結し、激しく戦ってきた輝かしい歴史をもっている。

そういうこともあって、シュワーベン人の気質は、質朴簡素で、忍耐強く、決断力に富み、誠実重厚であるといわれている。だが、その反面に、短気であり、偏屈であるという見方もないわけではない。そして、シュワーベン人の気質は、ドイツ人の精神生活一般にたいしても、少なからず影響を与えているとみなされている。

また、シュワーベンは、位置からいえば、ドイツの南部に属しているけれど、住民の一般的性格は、むしろ、北方ドイツ人の理知的できびしい面と、南方ドイツ人の柔和で感情の豊かな面とを、あわせもっているともいわれている。

ヘーゲルの性格

ヘーゲルと同時代のシュワーベン出身者には、詩人のシラーやヘルダーリン、哲学者のシェリングらがいるが、かれらにくらべると、ヘーゲルの人がらにはシュワーベン気質がより強くでているといわれている。

ディルタイも指摘していることであるが、ヘーゲルには、自分のすぐれた特性についての自負心から生ま

若き日のヘーゲル

れる高ぶりといったものは、少しもなかった。たとえば、ヤコービ・フンボルト・シュライエルマッヘルなどの北方ドイツ人にみられる貴族主義的な気質は、ヘーゲルの素朴で、従順な精神に合わなかった。また、同時代の友が一九世紀はじめに傾倒したロマン主義の運動にたいしても、かれは情熱を内に秘めて、つとめて冷静な態度でのぞんでいる。かれは、すでに幼少のころからみられるように、あせらず、着実にコツコツと研究してゆくタイプであった。そして、ものごとに自我を没入することからくる無器用さは、長くひきのばすシュワーベンなまりの話し方の無器用さとともに、生涯かれにつきまとっている。だが、自分を意識せず、気どらず、しかもユーモアを解し、偉《えら》がろうとしない性質のために、かれはつねによい友を得、また友に愛された。

かれの性格の基本的な傾向は、人倫的であるということであろう。かれは、最高の共同は最高の自由である、という考えを、はやくからもっていた。したがって、かれの生活は、幼少のころから規則的で理知的であり、健康な楽天的な現実感によってたえず導かれている。このような性格のおかげで、かれは、人生における多くの苦難を、そのつど着実にのり越えてゆくことができたのである。

しかしながら、かれの性格の底には、およそ理知性や楽天的な現実感とは対照的な、いかにもシュワーベン人らしい豊かな構想力、激しい感情、牧歌的な詩情、強い闘志がひそんでいた。ゲーテはファウストをして、「おれの胸には、二つの魂が住んでいる」と語らせているが、哲学者ヘーゲルの性格のなかにも、このような対照的・対立的な二つの魂が宿っていたのである。そして、それらは密接不可分の関係に結びつきあって、全体としてのかれの「重厚でダイナミックな人格」を形成していた。かれが理知的で現実主義的であるとともに、情熱的で理想主義的でもあったということは、かれの青春時代をはじめとして、人生行路におけるいろいろなできごとや、深遠で格調の高い論文の多くをとおしてうかがうことができる。

そして、かれのこのような性格は、祖先伝来のプロテスタンティズムの精神によってささえられていた。新教徒としての家庭ではぐくまれた市民的・平民的な生活の慣習は、血肉となって生涯かれから離れることなく、また思想家としても、かれは、いかなる場合にも、主体的な自由の精神を失わなかった。

いっさいのものを対立とその統一においてとらえ、人間の精神（理性）をして、自然、世界、さらに神をも把握することのできる絶対者の位置にまで高めようとするかれの哲学（弁証法）の根底には、このような熱烈な新教的精神にささえられたシュワーベン人特有のエートス（社会的・倫理的な生活心情）が、ヨーロッパの伝統的なギリシア精神とともに、大きな役割を演じていることを見落としてはならないであろう。

権力と自由の並存

ところで、序文でのべたことであるが、ヘーゲルにとっては、民族の精神という「息子を育てる父は時代すなわち歴史であり、母は政治であり、乳母（息子の教育者）は宗教（芸術）」であった。――それでは、ヘーゲルを育てたヴュルテンベルクの政治事情は、どうだったのだろうか。

わたしたちは、さきに、立ち遅れのドイツの状態をみたのであるが、政治の基調が封建的・絶対主義的であるという点に関してはヴュルテンベルク公国にしても、まったく同じであった。だが、以下に述べるようなことにおいて、この公国は、ドイツの他の領邦に比較し、自由主義的・民主主義的な傾向の強い国であり、のちのヘーゲルの思想に、大きな影響を与えているので、注目されなければならない。

この公国の君公の多くは、シュワーベン人らしく精力的で、政治家や武人として無能ではなかったが、かれらはまた、熱烈なこの新教国において旧教を信じたり、人民から税金をしぼりとって、戦争や遊興に浪費し、放蕩をするといった専制君主でもあった。そのような君主が――時代順にあげれば――三代目のウルリッヒ公をはじめ、六代・一〇代・一一代、そしてヘーゲルの時代の一二代カール＝オイゲン公であった。なかでも、三代目と一二代目はその最《さい》たるもので、まさに、この公国における専制君主の典型であった。

だが、ヴュルテンベルクにおいて、しばしば無暴な専制政治が行なわれたとしても、それは、他の領邦におけるほどながくは続かなかった。というのは、この公国では、民会の勢力が、当時のドイツ諸邦のなかでも例外的に強かったからで

1650年ころのドイツ

ある。

ドイツでは、帝国議会が貴族・僧侶・市民の代表者会議の体裁を整えるにともない、一五世紀末から一六世紀はじめにかけて、地方議会すなわち民会が、各領邦で相ついで成立した。しかし、ヴュルテンベルク以外の多くの領邦では、やがて、三〇年戦争のころから、軍備拡張や常備軍などの問題をめぐって、民会内の三部会（貴族・僧侶・市民）の間に利害の対立がおこり、民会は分裂して、しだいに弱体化していった。

それに対して、ヴュルテンベルクでは、貴族が、シュワーベン都市同盟の圧迫をうけていたことや、かれらが公爵家の家人となるよりも帝国直参《じきさん》の騎士になりたいと望んでいたことなどもあって、国内的には、強い勢力ではなく、都市の市民の方が支配的地位を占めていたので、民会は、早くから貴族を含まず、宗教においても、社会的な身分の上でも、ほぼ同質的な都市の市民代表（市政担当者および都市の裁判所の役員）と僧侶（福音ルーテル教会の管長一四名）とで構成される二部会であり、かつ、一院制であった。[1]——民会のこのような同質性と議員たちの不断の努力によって、この公国の民会は、いくたびかの危機を経験したものの、決定的な分裂もなく、ジグザグの道をたどりながら、その勢力をしだいに強化していくことができた。

そのようなことから、この公国における君公と民会との衝突の歴史は、一方では、民会が壊滅するかどうかをかける危機の歴史であったが、他方ではまた、民会権限の確立をかけた勢力伸長の歴史でもあったので

1) 民会の議員総数は約一〇〇名であったが、そのうち一四名が管長議員、他は市長および裁判所長などの都市議員で占められていた。管長議員の議席は、この公国の宗教改革（一五三五）前には、一四の修道院の院長であった。なお、都市議員の数は、約五〇の都市から各二名の選出となっていたが、諸経費の節約のため一名しか出さない場合もあり、正確ではなかった。

ある。結果的には、皮肉な幸運とでもいうべきであろうか。つまり、専制政治が強ければ強いほど、人民はシュワーベン人特有の粘り強さをもって、君公と激しく闘争し、そのつど、かえって民会の権限を強化・拡充していった。さきにあげた典型的な専制君主である三代目のウルリッヒ公のときには「チュービンゲン契約」（一五一四）を、また、一二代目のカール＝オイゲン公のときには「相続協定」（一七七〇）を、それぞれ君公と民会との間で締結し、法律すなわち「憲法」のかたちをとって、君公の権力を制限するとともに、民会の権限を保証する原則を確立していったのである。そして、ヴュルテンベルク人は、とくにチュービンゲン契約をもって、君主と人民との対等の契約であることから、イギリスのマグナ-カルタに相当するとみなし、無上の誇りとしていた。

　したがって、民会権限の強いこの公国では、実質的には、権力主義的な君公と自由主義的な民会との二重の政治が、はやくから行なわれていたということができる。「君公と民会との二重政治」――このことが、当時のドイツ諸邦にみられないヴュルテンベルクの政治の特徴であるとともに、絶対主義の体制下においては、これがまた、あとで述べるように、この公国における政治上の諸問題を生む原因でもあったのである。

チュービンゲン契約

　この公国の民会制度は、すでに一五世紀末、初代の髭《ひげ》のエーベルハルト伯（のちに公爵）の時代に確立していた。しかし、貴族を含まず、都市の市民を中心とするこの公国独自の民会が始まるのは、三代目の君主ウルリッヒ公の時代からである。

ウルリッヒ公は、武人としては卓越した人物であったが、典型的な専制君主であり、たび重なる戦争への参加と豪奢《ごうしゃ》な宮廷生活による浪費、行政の乱脈による失費などで、莫大《ばくだい》な負債（八〇万フロリン、当時は四フロリンで牛一頭が買えた）をつくってしまった。そこでかれは、民会の議を経ることなく、肉やぶどう酒や穀物に不当な消費税を課し、これによって財政のやりくりをしようとした。しかし、この無暴な政策に対して、シュワーベンの農民たちは、いち早く団結し、「貧しいコンラート」と呼ばれるかなり組織的な農民一揆をおこして抵抗を開始した。この一揆は一五二五年の農民戦争の先駆をなすもので、さすがの強情な君公もこれには驚き、この事態の収拾のために、また、あわせて借金を民会に肩代わりさせるために、民会の開催を決意しなければならなかった。この争いは、いわゆる「チュービンゲン契約」（一五一四）によっておさまったが、それは公国にある約五〇の都市の代表者たちの協力によって、妥結することができたのであった。

このとき、民会側は、準備としてまず、都市会議を開き、事態収拾のために農民を参加させるかどうかを討議したが、百姓を好まなかった都市のエリートたちは、結局、参加させないことを決議した。そして、農民と同じく、貴族たちもまた、このとき以降、民会には参加していない。

したがって、この契約は、大部分が都市の市民で構成された民会と君公との間で締結されたものであった。この契約のおもな内容はつぎのとおりであるが、君公は、莫大な借金の処理の問題をかかえていたこともあって、君主権を大幅に制限され、民会に対して多大の譲歩を余儀なくされた。

①君公は、借金の返還を民会側に肩代わりさせる代償として、民会側に課税徴収権（君公の直轄地を除く）

とその執行にあたる特別の収税人（二名）をおくことを認め、さらに新税に対する課税承認権を与えた。したがって、民会は、実質的に、君公と独立の財政権（君公側の約一〇倍に相当する徴税額）をもつにいたった。これは、さきに述べた君公と民会との二重政治の始まりを意味している。

②民会の同意なしに戦争を始めたり、土地・人民・城・村落などを処分しない。

③法にもとづかずに、なに人も処刑されない。

④人民に自由移住の権利を認める。（二〇年以内の転出については、基準年数にしたがって課税される）

⑤チュービンゲン契約の承認をしない場合には、なに人も公位につくことができない。

⑥そのほか、追加議決事項として、君公は民会との協議によって、地方法を制定することを契約した。これはある程度まで、立法権への参加を民会に認めたことを意味している。

以上が、ヴュルテンベルクのマグナ-カルタといわれるチュービンゲン契約のおもな内容であるが、ウルリッヒ公は、この契約の締結後も、専制君主によくあることだが、この契約を、自分の意思によるものではないとして、もっぱら無視し、ふみにじることのみを行なった。なお、一五一五年の政令によって、民会の招集権は君公側にあることが定められたので、ウルリッヒ公はもとより、歴代の専制君主たちもまた、この権限を楯《たて》として、民会に対抗していった。かれらは、民会側から要求があっても、それを無視し、民会の招集を行なわないことによって、民会の実質的な無力化と御用化を策したのであった。

それにしても、チュービンゲン契約において、民会に対して、たとえ限界があったとしても、立法・行政

・司法にかかわる基本的な権利を認めたことは、当時のドイツにしては、まことに画期的なことであったといわなければならない。これによって、ヘーゲルの時代にいたるまで存続するこの公国独自の民会権限の基礎が確立されたのである。この契約は、「契約」という名の示すとおり、理論的には、国家（社会）契約説を基礎とするものであった。

ヘーゲルが、若い時代からイギリスの政治や社会に強い関心をもち、また『ドイツ憲法論』をはじめ、ヴュルテンベルクの民会やイギリスの選挙制度などに関する政治論文を執筆するにいたったのも、この契約とこれにもとづくヴュルテンベルクの民会制度のあり方の問題（国家と人民の関係）に、たえず重大な関心をよせていたことによるのであった。かれは、この契約を、若い時代（ベルン時代）には共和主義の立場から、晩年には立憲君主制の立場から、それぞれ批判的にうけとっている。そして、この契約をもって、ヴュルテンベルクにおける旧憲法（新憲法は一八一九年に成立）の根本原則であるとしていた。

（ヴュルテンベルクの政治に関する資料については、金子武蔵『ヘーゲルの国家観』およびヘーゲル『政治論文集』金子武蔵訳上巻解説、岩波書店　参照、以下同じ）

民会の歩みと問題点（Ⅰ）　このような、当時のドイツとしては進歩的なチュービンゲン契約によって、この公国独自の民会権限の基礎が確立されたとはいっても、それはまだ基本原則なのであって、絶対主義の体制下にある歴代の君公は、かならずしもこの契約にしたがったわけではなかった。とくに、有能で不

民会の家（模型）

屈なウルリッヒ公[1]をはじめ、さきにあげた専制君主たちは、いずれもこの契約を無視し、いぜんとして君公による絶対主義を強行した。そのため、民会はしだいに弱体化し、しばしば壊滅寸前の状態にまでおちいることもあったのである。

だが、その反面、この公国の民会史のうえからいえば、四代クリストフ公（在位一八年間）や、八代エーベルハルト三世（在位四六年間）の治世のように、君公と民会とが、互いに信頼しあい、助け合うといった望ましい関係の続いた時代もあった。これらの時代は、まさに、民会の黄金時代であった。この公国の民会制度は、このときに整備・拡充され、ほぼ、その完成をみるのである。この時期に民会に関して実現されたことは、おおよそ、つぎのとおりであるが、そのなかにはまた――のちにヘーゲルが問題としてとりあげる（政治論文）――ヴュルテンベルクの民会制度そのもののもつ欠陥が、同時に、潜在的なかたちで含まれていることを注意しなければならないであろう。

①君公はチュービンゲン契約を承認した。

②契約で保証された民会権限（徴税・収支の管理・君公側との予備折衝・立法および行政への参加など）にもとづく事務を処理するため、常置機関として、民会に常任委員会

1）ウルリッヒ公に関していうならば、この君公は、その後、帝国都市への侵略問題をおこして、一五年間ほど国外亡命をしなければならなかった。その間に、みずから新教に改宗し、帰国後、ただちにこの公国の宗教改革（一五三四－三五）を断行した。そして、一四の修道院領を手中におさめて、専制政治の土台をかため、ますます民会を抑圧していった。

が設置された。

③多額の租税収入を取り扱う収税人（二名）がおかれ、税金を保管するための「民会金庫」がつくられた。

④民会は、常任委員会を通じて、地方法その他の国民生活関係法令を作成し、それらの執行を管理することによって、行政にも参加した。

⑤民会に秘書役・顧問役・相談役などの民会役員がおかれた。相談役は、君公側の枢密顧問官（民会に対して責任をおう君公側の代表者）に対応する地位のものであった。

⑥民会の事務をつかさどるセンターとして「民会の家」がつくられた。

⑦君公によって、「教会法」および「教会金庫」がつくられ、僧侶や新教徒の地位が安定し、君公が旧教に改宗したとしても、国民の信条を尊重する保証が確立された。

以上が、四代および八代の君公の時代に、民会に関して整備されたことである。これによって、はじめて民会権限が具体的なかたちで保証され、その運営も発展の軌道にのることができたのである。

しかし、民会の発展は、たんに法律や機構を整備することだけでよいというものではなく、むしろ、それらの法律や機構の運用が健全であるかどうかということにかかっているといわなければならない。したがって、この公国についていうならば、①君公と民会との信頼関係が確立されているかどうか。②民会の常任委員会および民会役員と総会との関係、さらには人民との関係が、開かれた関係で結ばれているかどうかということが、重要な問題であった。そこで、わたしたちは、①の問題についてはともかく、②について、とくに、民会の常任委員会および民会役員が、どのようなものであったかを検討しておかなければならないであろう。

民会の歩みと問題点（II）

常任委員会は二つの委員会をもっていた。一つは、中心となって民会の仕事をする「小委員会」、他は、それの補助機関としての「大委員会」である。小委員会は、管長議員二名と市民議員六名との計八名で、大委員会は、小委員会の八名と、管長議員二名、市民議員六名を加えた計一六名で、それぞれ構成されていた。

常任委員会の委員は、特定の任期はなく、通常、民会の総会が開かれると、職務の報告を行ない、辞任の申し出をすることになっていた。だが、これはたんなる儀式上のことで、実際には、総会でやめさせられることはほとんどなかった。そのうえ、民会の招集権が君公側にあったから、民会を好まない権力主義的な君公は、総会を招集しないことが多かった。

そのようなことから、常任委員会の中心である小委員会の権限は、しだいに強大化される傾向をもっていた。というのは、小委員会は、君公によっても、また大委員会によっても招集されるのではなく、まったく自分たちの意思で参集し（その際、君公側の枢密顧問官に届け出るだけでよかった）、民会に関する職務のいっさい（「民会金庫」および収税人の管理を含む）を、自分たちで立案し、執行することができたからである。また大委員会の招集権は小委員会がもっていた。そして、小委員会の委員は、総会が開かれない限り、大委員会によって選挙されることもなかったから、欠員の生じた場合には、自分たちでその補充を行なっていた。したがって、小委員会委員の身分は終身化し、しかも、自己補充権によって自分の一族を成員に加えることもできたので、世襲化する危険もあったのである。この点は、小委員会と密接不可分の関係にあった民会役員（相談役・顧問役・秘書役）についても、まったく同じであった。

そこで、㋑君公と民会との信頼関係がなく、㋺君公が政務に無関心であり、㋩常任小委員会や民会役員のあり方が閉鎖的になった場合には、この公国の政治は民会（じつは常任小委員会や民会役員）の独占に帰し、民会による絶対主義の時代が現われるということになる。この公国の民会史からいえば、政務を怠った五代ルードヴィヒ公および一二代カール=オイゲン公の晩年（相続協定以後）の時代が、そのような民会の絶対主義（つまり、寡頭《かとう》政治）の時代であった。ヘーゲルの時代すなわちカール=オイゲン公の時代でいえば、シュトックマイヤー一家が民会の役員を独占し、民会を家政化していた（シュトックマイヤー時代）。

のちにヘーゲルは、かれの政治論文のなかで、このような民会の絶対主義、すなわち、常任小委員会（八名）や民会役員（三名）による民会の私物化や堕落を、「ブルジョアー貴族政治」と名づけ

カール=オイゲン公

て、はげしく非難するのである。民会側の財政力が、君公側の約一〇倍に相当していたことからみても、民会による絶対主義のもたらす弊害は、直接、この公国の政策の決定や進路、ならびに国民生活などに大きな影響を与え、きわめて重大であった。若い時代に自由主義者・共和主義者であったヘーゲルが、やがて、イエナ時代の後期から、国家契約説（共和主義）に疑問をもち、君主政治を肯定するようになるのも、実は、フランス革命にたいするかれ自身の反省に加えて、右のような公国における政治情勢もまた、身近な原因の一つであったのである。

ところで、このような民会の絶対主義は、表面的には、君公の絶対主義と対立するようにみえるけれども、実際には、対立するというよりは、むしろ、手を握りやすかった。というのは、両者はともに、なるべく民会（総会）を開くことを避けて、相互に妥協し、国政を自分たちに有利に処理したいと願っていたからである。絶対君主の典型であったカール＝オイゲン公の治世（一七三七〜九三）、とくにその晩年は、まさに、この二つの絶対主義の共存した時代であった。

相続協定

カール＝オイゲン公は、一方では、チュービンゲン大学の学風が、ルター神学の伝統をただ守っているだけで、時代の要求にあわないことをみぬき、詩人シラーの学んだことで有名なカール学院を創立した啓蒙的君主であり、かれの才を愛したプロイセンのフリードリヒ大王から、「君主の心得」をおくられたほどであったが、他方では、三代ウルリッヒ公の再来といわれる専制君主であり、父の一一代カール＝アレクサンダー公に続いて旧教を信じ、またシュツットガルト市の北・西・南の郊外には、壮麗な宮殿をいとなみ（とくに南郊外のホーヘンハイム宮殿は、愛人フランチスカのために築いたもの）、遊興にあけくれた。また、七年戦争（一七五六〜六三）の風雲に乗じて、民会の議をへることなく、軍備拡張や強制徴兵を行ない、青少年を残酷な拷問《ごうもん》にかけて志願兵にしたり、さらに、一七五九年には、シュツットガルトの守備兵をひきいて「民会の家」に押し入り、常任委員会が拒否している献金三万フロリンを奪い去ったり、「民会金庫」を差し押え、自分に都《つ》合《ごう》のよい収税人を任命して直接に徴税を行なったりした。

そこで民会側は、この前代未聞の暴政に対して、総会の招集を要求したが、君公は、それを指導した民会相談役のモーゼル（有名な国法学者）を投獄し、監禁するなど、専断の極《きわ》みをつくした。しかし、七年戦争は皇帝およびオイゲン公の敗北に終わって、形勢が民会側に有利になったので、民会側は強硬に総会の招集を要求し、さらに帝国裁判所に調停方を提訴した。民会の総会は一七六三年に招集されたが、これは実に二六年ぶりのことであった。この時、民会はすでに壊滅の危機にひんしていたのである。この議会は、いくたびかの停会を含むものの一七七〇年まで続き、君公と民会との争議は、実に七か年にわたって終わらなかった。その間に、帝国裁判所は、民会側に有利な判決をくだしている。

かくて、一七七〇年一月一五日、プロイセンとイングランド－ハノーバーとデンマークを保証者とする「相続協定」が、君公と民会との間に成立した。

相続協定という名称は、オイゲン公にはあとつぎがなく、二人の弟を相続人とすることの取りきめを、この協定が含んでいることに由来している。相続協定では、チュービンゲン契約をはじめ、その後、この公国の憲法の基本的な条項を形づくってきたすべての契約を、守らなければならないことが、あらためて、君公との間に契約された。ヴュルテンベルクの民会は、この相続協定の成立によって、再び生気を取りもどすことができたのである。

ところで、君公はこの協定成立以後、打って変わって温和となり、政務に無関心で、民会と衝突することもなかった。だが、民会役員（とくに、シュトックマイヤー家）や常任小委員会と妥協し、ぐるになって人民から税金を取りたて、いぜんとして豪奢《ごうしゃ》な宮廷生活を続けたのである。――ともかく、この協定以後、この公国には、ヘーゲルの生い立った二〇余年間、平和が続いたことはたしかである。しかし、いったい平和というものは、この公国においてみられるように、人民の犠牲のうえに狂い咲く、むなしいあだ花でよいものなのだろうか。――わたしたちのヘーゲルもまた、この問題ととりくんだ。そして、かれは、これを、フランス革命によってもたらされた市民社会の問題とともに、「権力（現実）と自由（理想）」の問題として、生涯をかけて、真剣に追求したのである。

おもえば、ヘーゲルは、ヴュルテンベルク公国で、権力主義的な君公と自由主義的な民会との争いが、両者の協定によって和解した一七七〇年に生まれている。しかも、かれは、君公につかえるルードヴィヒを父とし、民会の役員の家系に生まれたマグダレナを母としていた。これらのことを、さらに、晩年のヘーゲルが、主著『法の哲学』において構想した国家が、「権力と自由」の対立を統一づける立憲君主制の国家であったということと思い合わせるとき、わたしたちは、そこに、なにか、人生というものを支配する不思議な摂《せっ》理《り》というものを感ずるとともに、ヘーゲルの生涯が、理屈ぬきに、すでに弁証法（対立とその統一の論理）ときりはなせないものであったことを知るのである。そして、「最初のものはまた最後のものであり、最後のものはまた最初のものである」（『論理学』）といったかれの学問観と、かれ自身の歩んだ生涯とが、完全に一致しているということを、あらためて見いだすのである。かれの学問観によれば、学問の全体は円環運動であるとされている。

「ふるさとは遠くにありておもうもの」といわれるが、ヘーゲルは、やがて、大学を卒業して、郷土をはなれても、生涯を通じて、たえずヴュルテンベルクの事情に強い関心をもっていた。ドイツの問題にかんするかれの思想のなかには、多くの点で、ヴュルテンベルクで体験し、学んだことがとりいれられている。したがって、かれにとっては、ヴュルテンベルクは小型のドイツであり、また、ドイツは大型のヴュルテンベルクであったといえよう。

革命の時代の大学生活

——チュービンゲン時代——

輝かしかった大学時代！　それはどこへと消えたのか？
自由に楽しく味わった　黄金時代は帰らない！
わたしがほうぼうさがしても　そのあとかたも見つからぬ
おやまあおやまあ　おやおやまあ　ものごとなんと変わること！

しかしほんとのたましいは　いつまでたっても冷えはせぬ
まじめなときでもふざけても　ほんとの心がいつもある
古い殻こそほろびても　やっぱりしんは残ってる
それをしっかり維持しよう！　それをしっかり維持しよう！

（植田敏郎訳）

青春の日の希望と不安

これは、マイアー＝フェルスターの戯曲『アルト・ハイデルベルク』の終幕近くで、先輩と後輩をつなぐ「学生団」（次節参照）の会合に集まった一同が、なつかしい大学生活の思い出を、あれこれと語り合い、しみじみとうたう歌である。人生における第二の誕生といわれている青春時代は、じぶん自身や世界にたいする心の眼《め》のひらけるときであり、だれにとっても——大学に席をおこうがおくまいが——希望が大きいだけにまた不安も大きく、情熱が激しいだけに歓喜も強く、また憂愁も深いといったダイナミックな時代である。だからこそ、青春の日の思い出は、たとえ、その時代がよい時代であろうとなかろうと、かえりみて美しくまたもの悲しく、終日、友と語ってつきることがないのである。

わたしたちの時代は、いまや、大きく変わろうとしている。

青年諸君！　大きな希望をもつとともに、また、大いに苦しみたまえ、そして、たたかいたまえ。だが、苦しみやたたかいにくじけないように。また、「希望」というものは、だれかが諸君に与えてくれるものではない。世間に甘えてはならないと思う。苦しみが人をつくり、じぶん自身を知るようにさせてくれる。楽しみはそれにつづいて実るであろう。わたしも、いや諸君の先輩たちも、みんな同じように苦しんだし、またじぶん自身とたたかったし、たたかってもいるのだ。苦しみの残していったもの！　それをお互いに味わおうではないか。

わたしは、悔いのない青春時代を送りなさいなどという、おさだまりのことをいうつもりはない。いったい、だれのための人生なのか、生活なのか。心おきなく、大いにやりたまえ。そして、倒れてもよいではないか。不死鳥《フェニックス》のように立ち上ってこそ、青年なのだ。人間はだれでも、努力している限り、つねに悩みをもつし、迷いもする。そして、絶望におちいることもある。わたしたちのヘーゲルもまた、革命の時代に生きて苦しみとたたかった。——わたしは、青春の日の不安と憂愁におちいって、今日もまた悩んでいる諸君に、「あなたが悩むのは、あなたの魂が美しいからです。」ということばを送り届けよう。

ドイツの大学

ところで、日夜苦闘している日本の大学受験生からみれば、いや、大学生にとっても、まことにうらやましくみえるであろうが、ドイツの大学制度ではギムナジウム（一三一ページ参照）の卒業試験に合格すると、それが大学入学の資格試験に合格したことになり、どこの大学にでも入学できることになっている（ただし、医学部だけは、収容の関係から制限があり、試験もある）。そして、大学はすべて官立（現在では、連邦の各邦立）であり、学生は一学期（半年）を単位にして、どこの大学にでも移って歩けるので、好きな教授をたよって受講することができる。したがって、だれの教え子ということはあっても、なになに大学出身ということが日本のように問題ではなく、また、大学には、日本流でいう卒業とか留年などということもない。何年でも、「ドクター」をとるとらないにかかわらず、大学で研究できるようになっている。そして、大学の教授は、研究と講義をしていればよく、ドクター論文や特別の場合以外、試験を行なわない。また、就職のことは、大学と関係なく、あらゆる職種について国家試験があり、その成績によってきまることになる。

したがって、ドイツの大学では、学生同士の間に、とかく親近感や友情がわきにくく、大学リーグ戦のような大学対抗の試合もないようである。そこで、出身地や宗教やスポーツや趣味などを中心にして、多くの「学生団」（ラントマンシャフト）が、いたるところの大学にできていて、それぞれが寮をもっている。これに入団して、一人前の団員になるには、先輩の指導のもとで、一年間ほど訓練を受けなければならないが、団員になると、その学生は大学を移るたびに、同じ団体の寮に入り、規律と友情のもとで充実した学生生活を続けてゆく。そして、大学を出てからも、先輩の団員がいろいろと世話をし、力になってくれる。さきのアルト－ハイデルベルク（思い出のハイデルベルク）の歌は、そのような学生団の歌であった。

学生団の歴史は古く中世から続いている。とくにドイツがナポレオンに制圧されていたころには、学生団は全国大会を開いて、大いに気勢をあげた。だが、一八一五年には、ドイツ解放戦争から帰還した学生たちを中心にして、学生団に対抗する新しい学生組合（ブルシェンシャフト）が創立された。この学生組合は、自由な学風をもつイエナ大学から始まったが、学生団が、従来おもに出身地別に組織されており、相互間の反目や新入生リンチの習慣など、中世以来の悪習をそのまま維持しているのに対して、全学生の親睦にもとづく包括的な団体をつくろうとしたところからおこったものである。このブルシェンシャフトの運動は、たちまち西南ドイツの各大学にひろまっていったが、あとで述べるように、当時のドイツがウィーン体制下にあったことから、政治的色彩をおびるようになる。そして、一八一七年には、全ドイツ学生組合（わが国でいえば「全学連」）の結成にまで進み、いろいろの問題をおこすことになる。大学立法なども出されるのである。

ところで、従来の学生団は、第二次世界大戦のとき、全部解散させられて、一時、ナチス学生団に統合されたこともあったが、戦後、しばらくして復活した。とにかく、学生団の存在は、ドイツの大学生活において、特別の意味をもっているということができる。それは、これに入らなければ、学生生活は、講習会によっているのとあまりちがわないことになってしまうからである。

なお、ドイツの大学は、伝統的には、神学・哲学・法学・医学などの学科が主体となっていた。宗教改革ごろから、このような古典的・宗派的な大学教育への批判が高まり、一七・一八世紀の啓蒙主義時代になって、自由なふんいきのなかで科学研究に打ちこめるアカデミーが、大学にかわる研究団体として組織されるようになった（カール学院などその一つである）。そうしたなかで、一八一〇年、プロイセンに創設されたベルリン大学は、自治の権利を保障され、創造的な研究を使命とする総合大学である点で、画期的なものであり、欧米諸国の大学のあり方に大きな影響を与えた。日本の旧制大学の理念や制度もまた、この大学の影響を多くうけていた。

わがヘーゲルは、のちに、さきほどのイエナ大学をふり出しに、哲学者の道を歩みはじめる。そして、一八一八年、ハイデルベルク大学からベルリン大学に転じて教授として就任し、やがて、一年間ほどベルリン大学総長の職につくが、人生の最後を、この大学において、哲学の教授として全《まっと》うするのである。

大学の神学生となる

さて、若い日のヘーゲルは、一七八八年の秋、ギムナジウムを卒業して、チュービンゲン大学（一四七七年、初代君主 髭《ひげ》のエーベルハルト伯の創設）に入学した。そして、大学をでる一七九三年秋までの五年間を、公爵家の奨学生として、大学の神学院（シュティフト）で生活した。かれはただ、黙々と、父の方針にしたがって、僧職者への道を歩んだのである。

だが、ヘーゲルの大学時代の五年間は、けっして平穏ではなかった。かれは、ヨーロッパでおこった二つの世界史的なできごと、すなわち「カント哲学」の大成（三大批判書の完成）[1]と「フランス革命」（一七八九〜九九）を身近に体験する。これらのできごとは、ともに啓蒙主義の完成とその総決算を意味し、新時代の始まりを告げるものであった。カント哲学の根本は人間主義であり、理性や自由や人格についてのカントの主張は、当時の封建的・絶対主義的な考え方を打ち破り、近

バスティーユ牢獄の攻撃

1) ヘーゲルがチュービンゲンの神学生になった年（一七八八年）に、カントの『実践理性批判』（第二批判。意志の自由と自律的な人格の尊厳を唱えた本）が世に出た。そして、カントが『判断力批判』（第三批判。美や生物の合目的性を論じた本）を出したとき（一七九〇年）、ヘーゲルは哲学の課程をおえており、『単なる理性の限界内の宗教』（宗教のよりどころは自律的な理性の道徳であることを明らかにした本）の出た年（一七九三年）には、ヘーゲルは大学を卒業している。これらの著書は、カントの第一批判すなわち『純粋理性批判』（一七八一年）を基礎としているのであるが（二四ページ参照）、その第一版が、ヘーゲルの大学に入る前の年（一七八七年）に出版されている。したがって、ヘーゲルの大学時代に、カントの三大批判書が完成された。

代市民社会の精神を浮きぼりにしたもので、まさに、思想界の革命を意味するものであった。人びとは、これによって、とらわれやひとりよがりやあきらめから目ざめさせられたのである。また、フランス革命は、カント哲学の原理を現実の歴史的世界に実現するものであって、旧制度を打破し、新しい人間関係の社会を建設しようとする人民の闘《たたか》いであった。人びとは、これによって、人間が人間自身によって人間であり、歴史の主人公（主体）であることの証明を、人類史上、はじめてみたのである。

　この二つの潮流は、森と古城の静かな大学町チュービンゲンにも、絶えまなくおしよせてきた。そして、のちにみるように、神学院で生活していたヘーゲルたちをゆり動かし、感激のうずに巻きこんだ。「理性と自由」を愛する若ものたちは、後進国ドイツのみじめな現実を深く憂え、その克服のよりどころを、はげしく求めていたのである。ヘーゲルは、まさに、大きな革命の時代に大学生活を送った。

　ヘーゲルの入学した当時、チュービンゲン大学は、小さく、それほど評価の高い大学ではなかった。おもに神学生と将来ギムナジウムの教師になる二〇〇～三〇〇名の学生を数えるにすぎず、医学生や法学生の大部分は、シュツットガルトのカール学院（カール＝オイゲン公の創設）で学んでいた。この大学の使命は、もともと、公国の官吏や牧師や教師を養成することにあった。

　ヘーゲルはここで、最初の二か年は主として哲学の課程を、あとの三か年はもっぱら神学の課程を修めた。かれは、哲学の課程をおえてマギステル（学位の名、教師になるために必要。もと、職業組合の親方の意）の資格をえ、神学の課程をおえて牧師試補の資格をえている。

当時、大学の哲学部には、ベック、アーベル（カール学院でシラーの恩師）シュヌルラーなどという教授がいた。とくにシュヌルラーはヨーロッパに名の聞こえたオリエント学者・解釈学者で、フランスのルソーと直接に知り合っていた。かつての神学院生として、また神学者として、かれは神学院の監督官であり、厳格でなかったわけではないが、開放的な人格のため、他のだれよりも学生に人気があった。ヘーゲルはこの先生から、使徒行伝・詩編・公会書簡などを学んだ。

また、神学部では、フラット、ル＝ブレー、シュトールなどという教授がいた。とくにシュトール（一七四六〜一八〇五）は、ヘーゲルと同じシュットガルトの生まれで、この大学の神学部の先輩であったが、神学の理論的な部門である教義学（組織神学）の権威であり、当時のチュービンゲン学派の指導的学者であった。シュトールは、主として教義学・聖書解釈・教会史などを講義し、多くの著書を公刊していたが、また、当時流行しはじめたカント哲学のもっともよき理解者で、カント解釈にかんする著書もある。

大学時代のヘーゲルは、教授たちからほとんど影響をうけなかった、と一般にはいわれているのであるが、のちにみるように、やはりこのシュトールからうけた影響は大きいといわなければならない。

カール学院

神学部の伝統と権威

この大学では、神学部が中心であった。それは、かつて初期のころに神学における近代派の代表者で、ルターにも影響を与えたといわれるスコラ学者のガブリエル＝ビールや、宗教改革者で、人文主義者のメランヒトンなど、すぐれた教授がいたこと。そして、ウルリッヒ公によって、この公国の宗教改革（一五三四〜三五）が行なわれて以来、この大学が、ルター派教会の正統学説の本山となっていたことなどによる（ヘーゲルの生活していた神学院は、一五三六年、ウルリッヒ公によって設立された）。

したがって、この大学の神学部は、「超自然主義[1]」の立場をとる正統派の本山として、この公国の全体的な宗教政策のわくのなかにおりこまれていたし、また、神学部の教授たちは、正統派の代弁者として、長年にわたって公国の教会勢力や世俗的な権益と深く結びついていたので、チュービンゲン学派の勢力は、揺るがすことのできないほどのものであった。その代表者の一人であるシュトール自身は、のちにシュットガルトの宗務局参事・最高宮廷説教者となっている（一七九一）。

けれども、ヘーゲルの大学時代には、すでに、この大学にも啓蒙思想の波がおしよせており、神学院で学

1) 超自然主義とは、神は自然現象・自然の法則・人間に自然的に与えられた理性などによってとらえることのできない超越的な実在であって、それはただ啓示（キリスト教では、神が人間に対し自己の何であるかを、イエス＝キリストをとおしてあらわし示すこと）や信仰などの特別なはたらきによってのみとらえることができるという神学上の立場。チュービンゲン学派は、このような超自然主義の立場に立ちながら、しかも、聖書を理性的に解釈しようとしていた。つまり、シュトールたちは、おしよせてくる啓蒙思想の波をふせぐことができなくて、旧来の正統神学と新しい啓蒙主義の哲学との間に、一つの妥協を見いだそうとつとめていた。

ぶ若い世代の間には、ただ、たんに伝統と権威に依存して、正統ルター派の教えを守ることにだけ、汲々《きゅうきゅう》としているチュービンゲン学派と、その妥協的・保守的な神学理論に対する批判的な意見がみなぎっていた。若ものたちには、カント哲学とフランス革命による影響が大きかったのである。

新・旧思想の対立ということは、歴史の転換期において、避けられないことではあるが、それにしても、この小さな大学の神学院のなかから、やがて、ヘーゲルのほか、ヘルダーリン、シェリング、ついで、バウル、シュトラウス、フィッシャー、シュヴェグラーなど傑出した一群の自由大胆な英才が輩出してゆくことは、注目に値することである。

交友、三人の出あい

森と古城、ぶどうにおおわれた丘、緑の牧草地、やわらかなイースター山と明るく輝く町並み、そして、シュタインラック谷と遠くにかすむ山々がみえる。——これらを背景として、美しいネッカーの渓流のほとりに、かつて、アウグスティン派の僧侶たちは、かれらの修道院をつくった。その後身が、じつはヘーゲルの寄宿していた神学院（シュティフト）である。したがって、神学院には、かつての静かで厳粛な修道院的ふんいきがただよっていた。ヘーゲルたちは、この古風な設備と規則をもった神学院のなかで、薄地《うすじ》の黒いマントと白いカラーの制服をまとい、何から何まで給費され、また監視されて、祈りと思索と友愛の生活を送ったのである。研究・休息・自由外出の時間は正確にきめられ、講義への出席とおなじように助手によって監視されていた。「外面上の規律と内面的な自由」、これがここを支配した唯一の約束であった。だが、若いヘーゲルにとって、この修道院的な神学院のふんいきは、シュツットガルト時代にくらべて、なんというちがいであったろう。

「空気と光、そして友だちの愛、これだけが残っているなら、気を落とすことはない」というゲーテの詩がある。人生に慰めといこいを、生きる喜びと希望を与えてくれる自然（空気と光）の美しさに加えて、さらに、それよりも、もっともっと大きい友だちの愛という人間の心の美しさがあったなら、人生はどんなに美しく、また心強いものであろう。

運命の恵みとでもいうべきであろうか。大学時代のヘーゲルは、この神学院の生活をとおして、のちに世界史上にその名を残す偉大な二人の友だちをもつことができた。この二人は、その他の友人にもまして、自我にめざめる青年時代のヘーゲルに、実に大きな影響を与えている。一人は、だれよりも悲しく不幸な生涯を送った天才詩人ヘルダーリンであり、他の一人は、だれよりも早くから幸福をうけた天才哲学者シェリングである。ヘーゲルを交えたこの三人の若ものは、一七九〇年の秋から翌年にかけての冬学期に、神学院の同じ部屋で暮らすことになった。

ヘルダーリン

ヘルダーリン（一七七〇～一八四三）は、ネッカー川にそうラウフェン出身で、大学ではヘーゲルと同級生であったが、この若い詩人がはじめに友情を結んだのは詩人仲間であり、ヘーゲルの方もそのころは、のちに牧師になったフィンクと最も親しかった。早くから父に死別し、母の手一つで育ったヘルダーリンは、傷つきやすい純粋な魂の持ち主であった。かれは、自分をとりまく束縛された神学院の生活や、ドイツの窒息しそうな現実からのがれて、自然と人間、神と英雄が美しく調和し、いっさいのものが、生き生きと統一されていた古代ギリシアへのあこがれに燃えていた。ヘーゲルとヘルダーリンの二人は、古代ギリシアへの共通の愛をもとに、友情を深めていった。ヘルダーリンは、大学をおえてから、詩人としての道を歩み、古代の世界を主題とした美しい愛と運命の詩を数多く書き綴《つづ》ったが、悲しいかな、狂気のため不幸な後半生を送らなければならなかった。

シェリング（一七七五〜一八五四）は、レオンベルクの生まれで、恵まれた家庭に育ち、ヘーゲルより五歳年下であったが、二年後に大学に入学してきた。かれは、実に一五歳で大学生であり、しかも一番で入学した。

シェリング

（ヘーゲルは三番で入学したという。一番はレンツという学生であったが、早死にした。）また、ヘブライ語の知識は学内でも評判で、はじめシュヌルラー教授の指導をうけて、オリエントの研究にむかった。かれは、世界の全体を総合的にとらえ、しかも、その中心点を適確に見いだすといった天才的な直観の持ち主で、ものごとを分析的にコツコツと追求するヘーゲルのようなタイプではなかった。大学をおえてからのシェリングは、若くして自己の哲学の体系をきずき、哲学者としての道をヘーゲルより先んじて順調に進んでいく。

三人の若ものは、まったく別々の素質の持ち主であった。はじめ、シェリングを他の二人に結びつけたものは、その研究題目ではなく、フランス革命に対する共通の関心であった。だが、その後、しだいにシェリングとヘーゲルとの間には、哲学する楽しみをとおして友情が生まれていった。ヘルダーリンの方は、人を見下すような気負った感じのシェリングとは、ヘーゲルに対するようなうちとけた純粋な関係は結ばなかった。とはいえ、かれらは、他の友人も交えて、プラトンやカント、シラー、レッシング、モンテスキュー、ルソー、ヘルダー、そしてヤコービの『スピノザに関する書簡』などをともに読み、またフランス革命に熱狂的な感激をわかちあった。

ヘルダーリンからはギリシアへの愛を、シェリングからは哲学をする楽しみを、ヘーゲルは学びとったのである。

ある晴れた日に

フランス革命は、絶対主義の領邦体制下で、内面的な自由を重んじ、ただ服従あるのみ！という生き方を強《し》いられていたドイツ人には、まことに衝撃的であり、ドラマティックなできごとであった。ドイツの知識人の多くは、自由・平等・博愛を旗じるしとする革命の理念に深く共鳴し、歴史の決定的な転換を目撃して熱狂した。そして、革命の雄叫《おたけ》びは、静かなチュービンゲンの森にもこだまし、ドイツの沈滞と憂うつを象徴しているような、重苦しい神学院の空気をたちまちにして一掃した。

神学院の若ものたちは、政治クラブを結成し、革命演説を行ない、自由の歌を高唱して踊りまわり、マルセイユを合唱した。かれらは、新聞を奪いあうように読み、互いにニュースを語りあった。ついに、自由を愛する何人かの熱狂的な若ものは、感激のあまり、美しく晴れわたったある春の日曜日の朝、チュービンゲンの郊外の野原へでかけ、フランスの例にならい、革命を祝って「自由の樹」を植えるというようなことも行なった。もちろん、そのなかには、ヘーゲル、ヘルダーリン、シェリングらもいたのである。

このような神学院の動向が評判になり、カール＝オイゲン公みずからが大学に現われて、熱狂をしずめなければならなかった。オイゲン公は、大学の食堂で、訓戒の演説を行なった。このとき、このような事態を悲しむかどうかをたずねられたシェリングは、「殿下、わが国では、いろんなものがまったく欠けています。」と答えたといわれる。ヘルダーリンは、その「自由の讃歌」のなかで、暴君の王座が荒れはて、かえって、奴隷が殺人者となるすばらしい収穫の日のことをうたい、新しい創造の時がいまやきた、新しい世紀は自由の世紀となるだろう！と賛美している。そして、ヘーゲル自身は、当時の仲間から、理性と自由のためのもっとも熱烈な語り手の一人とされており、禁止されている革命関係の書類を読む政治クラブの有力なメンバーであった。このころのヘーゲルのサイン帳（ホフマイスター編『ヘーゲル書簡集第四巻』所収）をみると、いたるところに、「自由万歳！」「ジャン＝ジャック万歳！」とか、「理性ある自由を！」とか、あるいは、シラーのことば「暴君に抗して！」など、元気にみちた激しいことばがいっぱい書きこまれている。

だが、ここでたいせつなことは、革命にたいしてヘーゲルのとった態度が、若い日の一時的な、センチメンタルな、たんなる革命の賛美ではなかったということである。このことは、また、古代ギリシアにたいしてかれのとった態度が、ロマンティックな、単なる古代ギリシアへの追憶でもなかったということ、と共に注意されなければならない。古代ギリシアやフランス革命にたいするかれの熱烈な関心の背後には、すでにこの時代から、あとで述べるように、冷静な、そして思慮のある歴史観・政治（社会）観がひそんでいたのである（一〇三ページ参照）。

「老人」と情熱

神学院における日常のヘーゲルについてみるならば、かれは、ギリシア人とあだ名されていたエレガントなヘルダーリンとちがって、服装や態度の点で、あまりすかっとしなかったようである。生まれつき話し下手《べた》で、体操や武術なども無器用だったうえに、性質は誠実で快活ではあったものの、一面、思慮深く、鈍重でもあったから、なんとなく老人臭く、チュービンゲンの元気な学生仲間では、おのずと目立たないわけにはいかなかった。それで、かれは、神学院では、「としより」とか「老人」とかというあだ名がつけられた。友人のファロットは、ヘーゲルのサイン帳に、背中をまげて、杖《つえ》にすがってよろよろ歩いている老人（しかも、禿頭《はげあたま》でながいひげをはやしている）を描き、「神よ、老人をあわれみたまえ！　アウグステ万歳！」と書きこんでいる。

だが、若いかれは、けっしてつきあいにくい、孤独な秀才的な書物の虫ではなかった。ファロットのいたずらでもわかるように、かれは友人から愛され、遊び仲間の愉快な一員であった。宴会には喜んで加わったし、酒も飲んだ。そして、野外騎乗にも加わった。野外騎乗では、一七九一年のこと、休暇の門限に一時間ほど遅れて帰り、二時間の禁足の罰を食ったこともある。このときは、「わたしの子馬が途中で傷ついたので」と申し出はしたものの、実は二人の友フィンクとファロットが、許可をうけずに馬でかれを迎えにきたので、いっしょに付き合って、門限までに帰らず、遅れたのであった。

神学院の紀律違反にたいしては、昼のぶどう酒の分け前（あるいはそれに相当する金額）をとり上げる、いわゆる「停止」という罰があった。その上の段階の罰が禁足（監禁）であった。「停止」は、四半期ごとに、その合計といわゆる停止のわくとを比較して、形式的なことではあったが、学生たちの人格を評価する条件にされていた。ほとんどの学生は、この「停止」の罰を経験していた。ヘーゲルは、最初のうち、その罰（講義をなまけたこと、寝坊、祈禱の欠席のために）は制限内であったが、一七九〇年には、一八回の停止でわくにふれ、きびしく懲戒をうけたことがある。さきほどの野外騎乗の罰は、この翌年のことであった。でも、成績証明書によれば、ヘーゲルの才能と勤勉さはつりあいがとれており、かれが「善良にして誠実な性質」であることがわかる。そして、躾《しつけ》の点では、はじめは「善」、つぎには「良」あるいは「正」、あるときには「無気力」ということも報告されている。

学生生活は、革命の熱狂はともかくとして、一面では、甘くまたやるせないものである。そこで、若ものたちは、スポーツや趣味を追求し、あるいは、愛と酒と美に――バッカス（酒の神）のように陶酔し、青春の日の情熱を思いきり発露する。わたしたちのヘーゲルもまた、その例にはもれていなかった。とかく息苦しくなるような神学院での生活のなかで、かれは、酒と愛とを、少しも避けなかった。

さきほどの、サイン帳にでているアウグステ万歳！のアウグステは、なくなった神学の教授の令嬢であり、たいへんな美人で、チャーミングでもあった。かの女は、母親といっしょに、学生の出入りするパン屋に間借りしていたが、ヘーゲルだけでなく、学生たちみんなに愛され、崇拝され、まさに学生間のアイドルであった。ヘーゲルは、「去年の夏は美しい終わりを告げた。今年の夏はもっと美しかった！　去年のモットーは酒、今年のモットーは恋！　一七九一年一〇月七日、アウグステ万歳！」ということばを、友人のフィンクのサイン帳に書きこんでいる。これなどは、後年のむずかしい顔をした大哲学者ヘーゲルを思うにつけても、まことに、ほほえましい青春の日の思い出の一こまというべきであろう。

「真理はバッカスの祭における陶酔である」（『精神現象学』）とは、「自他の合一」とか、「対立とその統一」「一《いっ》にして全《ぜん》」などの思想とともに、ヘーゲルの哲学の本質を暗示することばであるが、これには、純粋だった青春時代の体験とその思い出のすべてが、こもっているのではなかろうか。

「ヘン-カイ-パン」
（一《いっ》にして全《ぜん》）

ところで、革命の時代にめぐりあったヘーゲルの学生生活は、いつまでも、このような楽しいことだけではなかった。かれは、もともと「老人」というあだ名のしめすように、派手やかにふるまえない人間であった。要するに、かれは、ディルタイのいうように、「かつて青春を経験しなかった。だが、かれは、老人になるまで胸にひめた火を燃やし続ける人間に属していた。」

のである。

ギリシアへの沈潜によって、青春の苦悩をいやし、あこがれをみたしているヘルダーリンの叙情的なまなざし、玲瓏《れいろう》とした詩の声――。自由奔放な資質のままに、大胆な「知的直観」を、神話と自然、そして、宗教の世界に、虹《にじ》のように投げかける若いシェリング――。この対照的な二つの魂に動かされて、ヘーゲルは、やがて、静かな思索の生活にもどっていった。心のかよう三人の若ものは、しばしば、月夜の寄宿舎の窓辺につどい合い、それぞれの思いをこめて、悠久《ゆうきゆう》の昔より流れており、この世のいっさいをのみこんで、なにごともなかったように去ってゆくネッカーの水をながめながら、世界や人生を、そして、祖国とフランス革命の行方《ゆくえ》を、希望と不安を、語り合ったのである。

友人のファロットが、老人の戯画をヘーゲルにささげた一七九一年二月ごろのこと、ヘルダーリンは、同じヘーゲルのサイン帳に、「楽しみと愛とは、大事をなしとげるための翼である」というゲーテのことばを書き、そのあとにつづけて、「合言葉、ヘン‐カイ‐パン（一にして全）」としるしている。この「ヘン‐カイ‐パン」ということばは、ギリシアのエレア学派の哲学者クセノファネス（前六世紀）が最初に用いたと伝えられているが、古代ギリシアの世界観すなわちギリシア的精神というものを、もっとも簡潔に表現していることばである。その本来の意味は、万能の神はすべてを自己のうちに含むものであるから、神（普遍的な一者）は同時に世界（自然や人間など、個別的なもののすべて）であり、また、世界（個別的なもののすべて）は同時に神（一者）であって、変化もせず、生滅もしない、ということである（このような世界観を「汎《はん》神論」

という）。これは、神と世界（自然・人間）との関係を、質的に異なるもの、対立するものと考えるキリスト教（有神論）的な世界観や精神とまったく対象的である。つまり、キリスト教的精神は、善と悪との対立や闘争を認め、しかも、善が、最後の審判によって、かならず悪に勝つという信念のもとに、神の国を実現しようと努力する「実践《プラクシス》」の立場であるのに対して、ギリシア的精神は、個別的なもの（雑多）の背後に普遍的なもの（一者）を、雑多な世界のなかに調和的統一（不変・不生・不滅の統一）を、静かに眺める「観想《テオーリア》」の立場に立っている。この両者の統一のうえに、後年のヘーゲル哲学が成り立っている。

　この「ヘン‐カイ‐パン」ということばは、ヘーゲルの時代のドイツでも、ヤコービの『スピノザに関する書簡』などでもとりあげられており、分裂や対立の状態にあったドイツの人びとの心に、深くしみわたっていたことばであった。近代では、スピノザやゲーテやシェリングなどの思想は、この汎神論的な世界観をもっており、ヘーゲルの思想にもまた、この傾向があった。

　三人の若ものは、分裂のドイツ、混乱のフランスを眼前にしながら、この「ヘン‐カイ‐パン」ということばを合言葉として、人類の救済・ドイツ人の幸福への道を、それぞれの立場から探究したのである。フランス革命やドイツの現実をめぐる政治や社会にかんする問題、ならびにキリスト教やギリシアの民族宗教についての宗教史・社会史的な研究、これらが、ヘーゲルのその後の研究すべき課題であった。

では、大学時代のヘーゲルの学問的な関心と研究は、どのようなものであったのだろうか。また、かれ自身は、大学の教育からどのような影響をうけたのだろうか。

学問的な関心と問題

ヘーゲルは、大学に入ったころから、自分を育ててきた新教や、ひろくキリスト教的なふんいきにたいして、反感をおぼえはじめ、批判的になっていた。そして、それに呼応して、ギリシアの宗教と文化への激しいあこがれをいだくようになった。この傾向は、かれが神学院の生活に不満をもったからなのではなく、当時のドイツの知識層一般にみられる新人文主義[Ⓐ]の思潮（古代ギリシアの理想を復活して、これによって人間性の円満な発達をはかろうとする思潮）と一致するものであり、神学院の若ものたちにも共通していたことであった。物心両面のすべてにわたって、分裂していたドイツの現状をみるにつけても、知識人や若ものたちは、いっさいのものが人間的であるとともに、美しい調和的統一を保っていた古代ギリシアへの強いあこがれをいだいたのである。

そのようなとき、民族（大学時代は主としてヴュルテンベルク、イエナ時代になるとドイツ）のあり方に強い関心をよせていたヘーゲルは、宗教改革がドイツからおこったという意味で、新教は、たしかにドイツ的なものであるといえるけれど、厳密には、それは民族固有のものではない、と考えた。そこで、

チュービンゲンの神学院

かれは、国土に深く根をおろした宗教をもち、祖国を愛し、祖国に生命をかけたギリシア人を手本として、キリスト教にかわる新しい自由な宗教（民族宗教）をうちたて、自分たちの民族を新たに形成しようと考えたのである（実践的意欲）。当時のヘーゲルは、のちにみるように急進的な革命支持者であったが（一一七ページ参照）、わたしたちは、フランス革命前後の欧米には、すでに、キリスト教否定の思想や運動がおこっていたことに、注意しなければならない。Ⓑ

したがって、キリスト教への反感をもったヘーゲルを神学生として神学に反抗したとみるならば、ギムナジウム時代とちがって、かれは、かならずしも忠実な学生（神学生）であったとはいえないであろう。学生時代のヘーゲルを歪曲《わいきょく》して、いろいろなエピソードが、伝記として作られたのであるが、かれはけっして怠惰だったのではなかった。しかも、このように神学に反感をもち、批判的であったにもかかわらず、いや、むしろ、反感をもち、批判的であったからこそ、かえって、このチュービンゲン大学でうけた教育が、のちのかれの研究の上で、かれ自身に大きな影響を与えているのである[1]。つぎにそのことをみよう。

Ⓐ　これは、一八世紀後半のドイツにおこった一つの文化・文芸・教育上の運動で、啓蒙主義の精神があまりにも知性（悟性）にかたよりすぎて、情操（感情）を軽くみたのにたいする反対運動としておこった。人文主義にくらべて、ラテン文化よりギリシアの文化・美術を重んじたが、たんにギリシアの古典をまねするのではなく、それを手段として、当時のドイツ文化を進めようとするものであった。ゲッチンゲン大学のゲスナーによって早く唱えられ、ヘルダー・ゲーテ・フンボルトなどが有力な代表者で、ドイツの「シュトゥルム-ウント-ドラング」の文学運動も、この思潮にそっておこったものである。

Ⓑ 一八世紀には、旧教とともに、新教諸派も権力とむすぶ教会組織に固定しており、保守的（反革命的）勢力となっていた。このことは、ヴュルテンベルク公国においてもおなじであった。そのようなとき、㋑イギリスでは、世界の根源として神の存在をみとめるが、人格的な神や奇跡・啓示を否定する「理神論」が生まれ、キリスト教の存在理由をうばう動きがみられた。フランスのヴォルテール、ドイツのレッシングらもこれに属する。㋺フランスでは、「百科全書派」が宗教批判をなして、カトリック教会と激突した。㋩アメリカでは、温和ではあったが、ユニテリアン（新教の一派）がでて、三位一体の教理をみとめず、キリストの神性を否定し、たんに宗教的偉人とみる思想が発達した。㊁フランス革命にさいし、一七九三年、ジャコバン党（とくにエーベル派）によって、キリスト教が廃止され、理性崇拝の宗教が制定された。

1) ヘーゲルの『民族宗教』にかんする研究の着想は、ルソーの『社会契約論』第四編八章「市民の宗教について」から得ているといわれているが、ルソーのいう市民の宗教はヘーゲルの民族宗教とおなじ意味のものである（市民社会＝国家＝民族）。ルソーは、この書で、国家の体制をかためるための宗教と政治の関係を論じており、キリスト教の非民族性を徹底的に批判し、攻撃している。

シュトール教授と二度の資格試験

さきに、ヘーゲルとシュトール教授とのことについてふれたのであるが、シュトールの学説は（九二ページ注参照）、「啓示」の超自然的な根拠を主張しながら、しかも聖書を理性的に解釈しようとするものであった。つまり、かれは、古い正統神学と啓蒙思想（近代哲学）とを、学問的に妥協（和解）させようとつとめていたのである。しかし、そのようなシュトールとその学派の主張する超自然主義的神学は、合理的にものを追究しようとしていた青年学生たちには、保守的であいまいなものとうけとられ、かえって圧迫であり、もはや、古ぼけた時代遅れの哲学としか見えなかったのである。学生たちは、そのようなドグマ（教義および独断）からぬけだそうとして、シュトールらの神学理論に反対し、理性の自律と人格の尊厳を説くカント哲学の真の徹底を主張した。ヘーゲルもまた、青年学生の一人として、そのような考えに、基本的には、反対でなかった。それどころか、若いヘーゲルは、しばらくの間、まったくカント的な立場に立って思索するのである。

しかし、ヘーゲルは、もう一方では、かならずしも、神学院の若ものたちの行き方と同じではなかった。かれは、キリスト教に疑問をもち、反感をおぼえればおぼえるほど、その原因をもとめて、かえって、キリスト教の研究にむかっていくといった態度をとったのである。かれは、一七九〇年から一七九三年までの間に、シュトールから、ルカ伝・マタイ伝・ヨハネ伝・ロマ書・その他の書簡・教義学について学び、ディルタイの指摘しているように、シュトールの全課程を履修したようである。そして、かれは、ギリシアの宗教とともに、とくに、ユダヤ教的・キリスト教的宗教の性格にかんする社会史的・宗教史的な研究に全力を集中した。この間の消息をもの語るものが、大学時代からつぎのベルン時代にかけて研究をすすめた『民族宗教とキリスト教』という論文（断片）である（次節参照）。

また、かれはシュトールをとおして、とくに、福音書に表現されているイエスその人の人格から、キリスト教を理解することを、そして、そのさい、感性界（現象や現実の世界）と英知界（本質や理想の世界）とを区別するカントの哲学を利用することなどを学んだ。これらは、ベルン時代のヘーゲル自身が、『イエスの生涯』という論文（断片）でとる方法にほかならないのである。したがって、シュトールの学生としての三か年間は、ヘーゲルにとって、大きな価値をもつものであった。

そのほか、かれのこんごの研究にとって無視できないものは、大学時代にうけた二度の資格試験においての問題であった。

かれが哲学の課程をおえて、マギステルの資格をとったときの試験は、ベック教授の書いた『霊魂の不滅から分離された人間的義務の限界について』という、道徳哲学の論文をめぐる共同討論であった。この論文は、「道徳が宗教から離れて成り立つかどうか」、という問題をあつかったものである。のちのヘーゲルにとって、この問題と、この論文のなかにふくまれている感性と理性との結合・分離という問題は、すべて、さきほどの『民族宗教』にかんする論文のなかにとり入れられている。

また、神学の課程をおえて、大学を卒業するさいの牧師試補の資格試験は、ル＝プレー教授の論文『ヴュルテンベルクの教会再生の困難について』をめぐる討論であった。これは、メランヒトン、ウルリッヒ公、ブレンツなどの業績について述べたものであるが、宗教の面から民族の再生を追求しようとするヘーゲルにとって、きわめて意義深いものであり、前記の『民族宗教』にかんする論文をはじめ、その後のかれの教会史的・宗教史的研究のよい手びきとなるものであった。

ギムナジウム時代にはギリシア思想、大学にはいってからは、それに加えて、さらに、キリスト教とカント哲学、これら巨大な三つの思想の歴史的・哲学的な研究をふまえて、そこに沈潜し、それらを解剖することこそ、将来に大をなす若いヘーゲルのたどってゆく思索と体験の道であった。

「民族宗教」（I）

ヘーゲルが、大学時代からつぎのベルン時代にかけて書いた論文（断片的手記）『民族宗教とキリスト教』は、これまでのかれの学問的な教養と体験のすべてが結晶しているとみてよいものである。わたしたちは、この論文をとおして、①当時のヘーゲルが、純粋な哲学的理論よりも、実践的・政治的な問題に強い関心と要求をもっていたことを知ることができる。②そして、重要なことだが、この論文をつらぬくかれの基本的な考え方が、まだ萌芽《ほうが》的であったとはいえ、すでに、「対立とその統一」という「弁証法的思考法」をとっていたことを見いだすことができるのである。これらのことは、かれが思想的に、当時のドイツの新人文主義（「ヘン－カイ－パン」の実現）とフランスのルソー（自由主義・共和主義）などの影響を強くうけていたこと、および、かれ自身が、革命の理念のために立ちあがり、現実の政治的な問題（とくに、ヴュルテンベルクについていえば、かれは、この論文につづいて『民会批判論文』をかいている）を解決するための推進力になろうと決意していたことなどと無縁ではなかった。

論文のねらいは、すでに述べたルソーの『社会契約論』における「市民の宗教」の場合と同じく、国家の体制をかためるための宗教と政治（歴史）の関係を論ずるものであり、「真の宗教はどのようなものでなければならないか」を追究して、民族宗教に到達し、道徳と宗教と国民生活との結合・統一の関係を明らかにすることにあった。この論文を支配する思想的立場は、「実践理性」（自己の意志を自己自身で規定する理性）

の優位を説くカントの道徳哲学の立場である。ヘーゲルにとっても、人間生活の最高の目的は、カントと同じく、道徳（のちには「人倫」）である。しかし、注意しなければならないことは、この論文でヘーゲルの問題とするところが、カントとまったく異なっていたことである。

カントの道徳哲学の中心問題は、時と所の制約をこえて、普遍的にあてはまる道徳の法則（「なんじなすべし」という良心の命令）を、神（宗教）や感性や愛着・損得などの理性以外のものから、まったくきり離して、実践理性だけで基礎づけることにあった。したがって、カントでは、理性は感性と、自由は必然とはっきり区別され、対立するものであった。また、カントによれば、宗教も、自律的な理性の道徳によって基礎づけられるもの（実践理性の要請）であって、反対に、道徳が宗教によって基礎づけられるものではなかった。

カント

それに対して、ヘーゲルは道徳と宗教・理性と感性・自由と必然・理論と実践などのカント的な対立（区別）を、相互に拒否しなければならないものとして切り離したり、あるいは、固定化・孤立化させることなく、現実の生活の場（国民生活の場）において、調和的に統一しようとしていたのである。

では、ヘーゲルの見解を聞いてみよう。

「民族宗教」（Ⅱ）

Ⓐ道徳と宗教との関係――ヘーゲルによれば、宗教は「実践理性の要求」によって生まれたもので、あくまで理性を基礎にしているものであるが、道徳に霊感（善行に対する勝利・福徳の一致・霊魂の不死などを保証するもの）を与えるのは宗教であって、道徳と宗教とは相互に切り離せないものである。

Ⓑ宗教における理性と感性との関係――宗教も、道徳も、ともに感性から区別された理性（実践理性）がなくては成り立たないものであるが、理性を感性から切り離して孤立させては、また、真の宗教は成り立たなくなる。理性のこと以外、幸福のことなどを念頭におかない「理性宗教」は、たとえ、人間の到達しなければならない最高の境地であったとしても、それに耐えられるものは少数の賢人だけである。宗教は、ひろく国民の共同生活に実践的にはたらきかけるものでなければならないから、感性を重んじなければならない。「人間は感性と理性とから合成された存在である」ことを、素直に承認しなくてはならない。感性は、善をおこなうように人びとをかりたて、感情や意志や心のうちを純潔にし、高貴にし、謙虚にする。本来、「宗教は心のうちのことがらである」。だから、強《し》いて感性を拒否すると、もはや、宗教は人びとの生活と行動にはたらきかけることはできなくなる。理性は料理における塩、自然における光のように、実体（そのもの自体）のままでは現われないでいて、ただ、全体にしみわたり、ゆきわたらなければならないものである。理性は感性を拒否するのではなく、感性にしみわたって、感性を理性的に育成しなければならない。

Ⓒ主体的宗教と客体的宗教――「神学」は悟性や記憶や書物や弁説などにかかわっているが、そのような

宗教は客体的宗教である。宗教は、知識ではなく、感情（心）と行動で発現するものであって、主体的宗教でなければならない。宗教は心のうちのことがらである。だから、異教徒の宗教でも、不合理だからといってしりぞけることはできない。だが、客体的宗教は「教え」をそなえることによって、主体的宗教の要素としての意義をもっている。また、「啓蒙」は、悟性の教養をめざすものであるが、「啓蒙は人間を利口にしても善良にはしない。」真の宗教が恵みを与えるものは知恵であるが、それは啓蒙とも、理由づけとも異なったものである。知恵は学問ではなく、魂を高揚させるものである。だが、啓蒙は民衆の偏見を破ることで、その意義がみとめられる。

Ⓓ宗教の主体的原理としての「愛」――ヘーゲルによれば、感性的で理性的であるという人間の二重性格のため、感性を拒否することなくして、感性を理性的にし、道徳法則をまもる高貴な心をはぐくむことこそ、宗教の使命であった。だから、主体的宗教の主体的な原理は、理性的であるとともに感性的な能力に求めなくてはならないことになる。この能力が「愛」である。かれによると、愛は理性に似たものである。わたしたちの理性は、ひろくすべてにわたってあてはまる道徳法則の源泉として、道徳的世界（英知界）において、他のすべての理性的な人びとの胸のなかに自己自身とおなじものをみとめることができる。愛は、感性的なもので快不快から自由ではないが、わたしたちは、愛によって他人の胸のなかに自己自身をみいだすばかりでなく、むしろ、他人のうちに自己自身を忘却する。わたしたちは、愛において自己自身の外に出て、いわば他の胸のなかに生き、感じ、はたらくことができる。つまり、愛は理性に似ており、感性的であ

って理性的である。愛は感情であっても、道徳的感情である。他人との関係に生きる愛を原理としているかぎり、主体的宗教は個人的な「私的宗教」ではない。真の宗教は、私事に干渉したり、検閲とか、教会警察などをすることなく、寛大で、ひろく民衆にはたらきかけ、心に訴え、人びとの精神をはげます「公的宗教」であり、「民族宗教」でなければならない。

「民族宗教」（Ⅲ）

Ⓔ民族宗教に必要なこと——①ひろく通用し、簡明直截な「教え」がなくてはならない。それは、人間的であるとともに、民族の精神的教養の一定の発展段階に相応したものでなくてはならない。——キリスト教はけっして人間的な宗教とはいえない。その中心は「摂理」であるが、いかなる苦難・不幸にさいしても、恩寵《おんちょう》（神の愛）を信じつづけることは困難であり、特殊な賢人のみのよくできることである。それに対して、ギリシアの宗教は、はるかに人間的である。かれらは、一方では、神々は善人をいつくしみ、悪人をおそろしい呪いにまかせることを道徳的に確信していたし、他方では、率直に不幸を不幸とし、苦悩を苦悩として、過ぎ去ったことについて思いわずらうことはなかった。運命（必然の鎖）は盲目であるから、かれらはおちついたあきらめ（諦念《ていねん》）をもって、さだめ（必然）に身をまかせていたのである。

②民族宗教は人びとの構想力や心にうったえるものでなければならない。したがって、ギリシア宗教のように、神話や勤行《ごんぎょう》や儀式を必要とする。とくに、勤行（供御《くご》・祈り・苦行《くぎょう》・断食《だんじき》など）は、民族宗教という建築

物の本質的な契機であり、宗教だけでなく、民族の精神と深くつながっているものである。また、儀式は、おなじ建築物の装飾であり、民族に共通な神聖な感情を高揚するもので、そのためには、ギリシア宗教のような神聖な音楽・全民族の合唱・民族的祝祭などが必要である。

③民族宗教は、国民の実生活から遊離したものであってはならない。公的宗教として、民族宗教は私的宗教の領域をおかすことはないが、国民生活をはげます指導者でなければならない。したがって、宗教的祭事などは、すべて国民的祭事として、国家の神々に捧げられなければならない。ギリシアの宗教は自由の宗教であり、共和国的政治において存在するが、ユダヤ教的・キリスト教的宗教は、不自由の宗教で、暴君的政治において存在する。

Ⓕ民族精神と宗教・政治・歴史・芸術――「偉大な心情をはぐくむ宗教は自由と手をたずさえてゆく。」「民族の精神をはぐくむことは、一面、宗教のことがらであるとともに、他面、政治的状態のことがらである。」また、民族宗教は、民族の精神的教養の一定の発展段階に相応するものであるから歴史的伝統をもつ。ヘーゲルは、民族の精神を一人の息子にたとえ、この息子の父はクロノスすなわち時代（歴史）であって、息子は終生これから脱することはできない、母はポリティェイアすなわち政治であり、助産婦で乳母《うば》であるものが宗教であるが、この乳母は息子を教育するにあたって、補佐として芸術を必要とするとしている。すなわち、歴史・政治・宗教（芸術）の三者は、区別されながらも相互に連関し作用しあって、民族精神を生み育てるが、逆に、民族精神もまた、これら三者を生成させ・限定しているという関係にある。民族精神

を中心とする歴史・政治・宗教（芸術）などの諸契機が、互いに含み含まれる関係を保って調和的な統一が実現されることが、国民生活における理想の姿である。

このようにして、宗教の研究をとおしてヘーゲルが描きだそうとしているものは、さまざまな区別や対立が、美しい調和を形づくって統一されている国民（民族）の生活であり、その理想像はギリシアのポリス――「ヘン‐カイ‐パン」――であった。そして、ヘーゲルによれば、さまざまな区別や対立を統一づける主体的な原理は愛であった。わたしたちは、カントの立場から出発しながら、若いヘーゲルが、すでに、自分じしんで思索することの苦しみをとおして、かれ独自のものを生み出しつつあることを、見逃《みのが》すことはできない。かれがこの論文でいう「道徳」は、やがて、個人と全体とを統一する「人倫」の思想へと発展するのであるが、ヘーゲルの人生最初のこの論文で取り扱われた問題は、すべて、晩年のヘーゲルの最後の主著『法の哲学』――自然法および国家学――のなかに結集されているのである。（『民族宗教』の資料については、金子武蔵『ヘーゲルの国家観』岩波書店 参照）

革命のなかに何をみたのか（I）

革命の時代に学生生活を送ったヘーゲルは、カント哲学において、「理性」が、人間の「人格」を支配（リード）する原理であったように、フランス革命において、ついに、「理性」が、歴史的な「現実」（国家・社会および世界や人類）を支配（リード）しはじめたと見たのである。若いヘーゲルが、当時の人びとと共に、カント哲学から学んだおもなものは、なによりも、感性にたいする理性の優越および理性の自律による自由の実現ということであった。しかも、ヘーゲルにとっては、かれの学生時代に、このようなカント哲学の完成とフランス革命のぼっ発とが一致したことは、けっして偶然とは思われなかった。いや、ヘーゲルは、カント哲学の精神が市民革命のなかに、力強くはたらいていると信じていたのである。だからこそ、かれは、ヘルダーリンやシェリングらとともに政治クラブに加入したとき、もっとも熱烈な語り手の一人として、「理性ある自由を！」「自由と平等」を強く主張してやまなかったのである。

したがって、かれによれば、自律的で自由な理性は、歴史的な現実を支配する力であり、旧制度を打破し、新しい人間関係の社会（市民社会）をつくることは、理性の命令にもとづくものだったのである。こうして、理性は、歴史のなかで、現実をとおして、自己じしん（理性じしんの認識した可能性）を実現しなければならない。自己じしんすなわち理性じしんのとらえた可能性が実現されてはじめて、理性は自律的で自由な理性である（になる）ことができるのである。したがって、現実は、理性の要求の実現される場であり、歴史は、理性による自由の実現の発展していく過程であるということができる。

自由とは、他のなにものにも依存しないで、自分が自分自身で自分であることである。それは、そのような自分になろうと自分を実現すること（主体となること――理性的な存在となること）によって、はじめて達成される（可能性が現実性となる）。したがって、理性は、自由の自己実現の可能性を、すじ道だてて認識する能力であり、自由は、理性による認識の成果を、歴史のなかで現実化する（実現する）力であるということができる。理性は自由（みずから自己を規定する自己実現の力）を前提としてのみ、はじめて理性であり、また自由は理性（自己実現の可能性を認識する能力――すなわち必然性を洞察する能力）を前提としてのみ、はじめて自由である。

つまり、ヘーゲルによれば、フランス革命は、自己実現の力としての自由と不可分の関係にある「理性」のさし示す要求にしたがって、歴史的な「現実」を組織しはじめたものであった。大学時代のヘーゲルは、すでに、このような見方にそって、カント哲学およびフランス革命をとらえていたのである。

後年、ヘーゲルは、学生時代の体験と思索に根ざして、その『歴史哲学講義』のなかで、フランス革命について、つぎのように語っている。

「アナクサゴラスは、はじめて、理性（ヌース）が世界を支配するといったが、いまはじめて、人間は、思想が精神的な現実を支配すべきだという原理を認識するにいたった。したがって、これは輝かしい精神の日の出であった。」

「世界史は自由の意識における進歩である。」

また、かれは、「理性と自由が、どこまでもぼくたちのモットーだ！」という誓いと、時代に「おくれないようにしよう」ということばを、大学をでて一年四か月ぐらいたった一七九五年一月、家庭教師をしていたスイスのベルンから、まだ神学院で学んでいたシェリングにあてた手紙のなかで語っている。

なお、わたしたちは、ヘーゲルについて、つぎのことを注意しておかなければならない。

①それは、この時代のヘーゲルが、国家と市民社会とを同一視し、共和主義者・自由主義者であり、郷国ヴュルテンベルクについていえば、市民社会的・自由主義的な民会側の立場に立っていたということ。そして、かれは、ベルン時代の一七九五年ごろにいたるまで、真剣に「ドイツの革命」ということを考えていたということである。さきほどの手紙の三か月あとに、ふたたびシェリングに出したつぎの手紙は、そのへんの事情を物語っているといえよう。

「人間の品位を高く評価し、人間を精神《ガイスト》（神——筆者）と同じ列に高める自由の能力が、人間にあることを認めることに、どうしていままごろ思いついたのであろう。人類がそれじしんこんなに尊敬されなければならないと考えられるということは、このうえない時代のよい兆候だとぼくは思う。これこそ、地上を支配する圧制者たちと神々の頭から後光《ごこう》が消えるという証拠なんだ。哲学者たちは人間のもつこの尊厳を証明している。各国の人びとは、やがて、この尊厳を感じはじめるだろう。そして、踏みにじられてきた自分らの権利を要求するだけではなく、みずからの力でその権利をとりもどし——自分らじしんのものにすることだろう。宗教と政治は、おなじ穴のムジナだった。宗教は専制政治の願うことを教えてきた。すなわち、人間性の侮辱と、人間が自分じしんの力では、なんの善いこともできず、自分の本質を実現する能力をも持っていないということを教えてきた。」——さらに、これにつづいて、かれは——たとえ、祖国や祖国の憲法などの制限があろうとも、革命の理念のために立ちあがろうと、激しくうったえている。そして、「友よ、太陽にむかって努力せよ！　人類の救済の日も近い。………太陽のもとまで突き進め！」という、当時のかれの愛していたことばを、この手紙のなかで、シェリングに送っている（一七九五年四月一六日、ベルンにて）。

このころのヘーゲルは、「ドイツの革命」に直接参加して、革命の推進力になろうと決意していたのである。

革命のなかに何をみたのか（II）

②つぎに、注意しなければならないことは、フランス革命の理念としての「理性」を、ヘーゲルは、哲学の原理としては、カント哲学において確立されたものと受けとってはいたものの、その理性の意味（概念）を、大学時代のヘーゲルじしんは、すでに、カントとちがった方向で問題にし、追求していたということである。

わたしたちは、そのことを、かれの論文『民族宗教とキリスト教』のなかでみたのであるが、そこでは、理性と感性は、原理的・論理的には、カントと同じく、どこまでも対立し、区別されるものであった。がしかし、この両者は、国民（民族）の生活という現実の場においては、「民族宗教」が真の宗教（宗教一般のもつ実践的と理論的・主体的と客体的・公的と私的などの対立が統一されている宗教）として活動することのできるように、たがいに対立をこえて結合し、調和的に統一されなければならないものであった。ヘーゲルによれば、「人間（現実）は感性と理性とから合成された存在」であった。したがって、理性は、現実においては感性を拒否すべきではなく、「料理における塩、自然における光」のように、感性にひろく・深くしみわたって、感性を理性的に育ててあげなければならないものであり、感性もまた、現実においては、善を行なうように人びとをかりたて、感情や意志や心のうちを純潔にし、高貴にして、真の宗教（理想）としての民族宗教を、理性といっしょになって、助成するものでなければならなかった。

このようなことから、かれは、理性と感性の両面をそなえており、しかも、もっとも理性に似ているものとして、「愛」を宗教の統一的な原理（主体的な原理）としたのである。

ところで、ヘーゲルの理性の意味は、大学時代から、すでに、①自・他の胸のなかにあって生きる普遍的なものとして共同性（人倫性）をもち、②感性を理性化し、道徳（のちには「人倫」）を完成にみちびくものとして実践性をもち、③感性と対立するとはいっても、その対立の根底にあって、感性に優越するものであり、みずから自己を規定して、歴史のなかで、現実をとおして、自己を実現する主体性をもつものであった。

そのような理性（普遍的・共同的・実践的・自己規定的・歴史的・現実的・主体的な理性）を、世界を形成し・統一するものにまで高めて、哲学の原理として自覚するところに、後年のヘーゲルの哲学が成立するのであるが、もちろん、若いヘーゲルは、そこまでは、論理的・哲学的に自覚してはいなかった。だが、大学時代を出発点として、かれの思索は、すでに、そのような方向にそって苦悩しており、独自の理性観を形成しつつあったのである。したがって、ヘーゲルの理性は、大学時代からすでに、たんにものを認識するときに、認識の形式として、一定の枠内でのみはたらく意識としての理性（認識論的理性）でもなく、また、現実から遊離し・超越した単なる抽象的な普遍としての 理性（形而上学的理性）でもなかったのである（理性の意味が、かれ独自の哲学の原理として、自覚的に確立されるのは、かれのフランクフルト時代を経たイエナ時代においてである)。

わたしたちは、『民族宗教』に関する論文をとおして、ヘーゲルが、経験的・現実的なものを重視し、その経験的・現実的なもののなかに宿っている現実の魂として本質(根本原理)を、すじ道だてて追究してゆくという思索の態度をとっていることを、見落としてはならない。この態度は、こんごにも続く、かれの基本的な思索の態度である。かれは、頭(理論)からではなく、生活(現実・実践)から出発している。フランス革命とそれによって生み出された新しい市民社会の問題が、ヘーゲルにこのような思索の態度を、基本的なものとして与えたと考えられる。とにかく、後年のかれの哲学においても、かれはけっして、現象の世界(カントの感性界)と本質の世界(カントの英知界・物それじしんの世界)とを切り離さなかった。そして、そのさい、かれは、つねに現象の世界の問題から出発している。

このことは、かれの思索が、①知的な反省による抽象的な区別や対立を出発点とするのではなく、反省以前のあるがままの具体的な統一の状態(現に存在しているもの)から出発していることを意味している。そして、かれは、つぎに、②この具体的な統一の状態で活動している現実を、知的(悟性的)な態度で反省的に分析(区別)し、そこにおける主なる区別や対立の構造や関係を明らかにして、その区別や対立の関係のなかにあるいちばんたいせつなもの(本質的な原理)をとらえ、③それにもとづいて、再び、はじめの現実(見た目にとって具体的な現実)にかえってきて、その現実を、真に具体的な現実(当然そうでなければならないものとしての現実）に組織しようとするのである。これが、ヘーゲルの一貫して変わらない思索の態度と方法である。ヘーゲルにとっては、フランス革命は、「理性と自由」の原理にもとづいて、まさに、そのような当然そうでなければならないものとしての現実の形成を開始しているのであった。要するに、かれによれば、現象（たとえばフランス革命）は本質（フランス革命をしてフランス革命とさせているもの、すなわち自由）のあらわれたものであり、本質（自由）は現象（フランス革命）を通して自己をあらわし、自己を実現するもので、両者は動的な相互作用の関係にあるものであった。

　さて、ヘーゲルの理性の意味（概念）は、たえず自由の意味（概念）と結びつきながら発展していくのであるが、大学時代には、自由の宗教（主体的宗教）を成り立たせる「愛」の原理と結びつき、また、卒業後には、「生命」、さらに「精神」などと関係づけられ、ギリシア精神のもつ「ヘン－カイ－パン」の「観想《テオーリア》」の立場や、キリスト教精神のもつ「愛」の原理とか「実践《プラクシス》」の立場などと大きく結合して、ヘーゲル哲学独自の統一的な原理として確立されるのである。そして、それには、哲学史の上からいえば、カントの「理性」から出発したヘーゲルは、つぎのベルン時代での徹底的なカント哲学の研究とか、さらにフィヒテの絶対自我（世界を形成し統一する原理としての自我）の哲学や、シェリングの同一哲学（主観・客観の対立は根源的な絶対者のもとでは、いっさい同一であるとする哲学）などとの対決も必要だったのである。

　「理性の力が、われわれのかがやかしい革命の原理である」と宣言したのは、ロベスピエールその人であり、ロベスピエールは、理性を最高存在として神格化した。ヘーゲルの理性は、社会史的には、このフラン

フィヒテ

ス革命の理念としての理性ときりはなせないものであり、哲学史的には、カント哲学によって確立された理性観の延長線上にあるものであった。

後年、完成するヘーゲルの哲学は、その原理である理性が、歴史性をもっているということによって、観念論ではあるが、観念論のもつ抽象性や主観性を脱して、具体的・客観的・現実的な性格をもつことができたのである。このことは、かれの基本的な問題意識が、たとえ宗教を研究するにしても、つねに歴史や政治や社会にかんする実践的・現実的な問題ときりはなされてはいなかった、ということからおこることなのである。

ヘーゲルの課題

ところで、ドイツの知識人の多くは、一時は、フランス革命に熱狂的に感激しながら、やがて、ジャコバン党の独裁によるテロリズムが荒れ狂うようになると、革命への情熱や期待も冷却し、革命を嫌悪するだけではなく、革命そのもののもつ意義をも否定して、これからはなれていった。だが、ヘーゲルは、たんに革命の現象だけを見ていたのではなく、現われている現象を通して、その根底にある革命の本質（意義）をみていたので、この革命が当然おこらなければならないものとしておこったということ（歴史的必然性）を、生涯を通じて、信じて疑わなかった。かれは、一生涯、バスティーユ牢獄の破壊された日を記念して、祝盃をあげたといわれている。

もちろん、かれとしても、革命の現象面であるテロリズムを是認したわけではない。むしろ、かれは、これを重視した。そして、このなかに「なにがあるのか」と、すじ道だてて根本から（本質的・概念的）とらえようとした。かれが、のちに、『精神現象学』のなかで、フランス革命を、「絶対的自由と恐怖」という表題で論じ、「万人の自由とは消滅の狂乱であるだけ」であって、その本質は「なんら内実のない死」であり、「分裂」であって、「キャベツの頭を真二つに断ちわる……ということより以上の意味をもっていない。」とか、「自分で自分を破壊する現実」であり、「否定的なもの、ただまったくの恐怖」である、などと表現しているが、これらはすべてテロリズムの恐怖を述べたものである。

ヘーゲルは、学生時代以来の体験をもとに、現象として現われているこのテロリズムや、その後の歴史的状況の推移などの分析をとおして、フランス革命と、これによって生まれ出た市民社会のもつ本質的な特徴をとらえようとするのである。そして、この革命のもつ、分裂的・破壊的・否定的要素が、近代市民社会そのものに内在する宿命的な問題点ではないのかどうかと、さらに考えを進めていくのである。

かれは、①フランス革命と、それによって出現した市民社会に関する問題（個人主義的な人間関係における相互の分裂的・否定的な関係など）や、②祖国ドイツとヴュルテンベルクに関する問題（領邦体制下の分裂の統一と自由の実現、ヴュルテンベルクにおける二つの絶対主義）などの根本にあるものを、原理的に追求し、これらの問題を歴史的な現実において、どのように解決（統一）しなければならないかということを、一生涯かけて追究するのである。ヘーゲルの哲学は、ヨアヒム＝リッターもいうように（『ヘーゲルとフランス革命』出口純夫訳、理想社）、まさに、フランス革命から出発し、この革命のもたらしたものとの対決に終始しているということができる。

卒業証書　ヘーゲルの卒業証書には、ラテン語で、つぎのように書かれている。

> 神学の研究を怠らなかったし、神聖なる祈禱《きとう》を熱意なしには行なわなかったが、朗誦《ろうしょう》においてはすぐれた弁説家のおもかげはない。言語学に無知ではなく、哲学に多くの努力をはらった。

（著者訳）

エドゥアルト＝ツェラー[1)]（一八一四～一九〇八）は、一八四五年の論文（『神学年報』第四巻、一九二ページ以降所収）において、明らかな意図のもとに、卒業証書のなかに書かれている multam（多くの）ということばを

1) ツェラーは、ドイツの哲学者・神学者で、ギリシア哲学史家としても有名。チュービンゲン大学ではヘーゲルの後輩にあたる。かれは、チュービンゲン大学私講師をはじめ、ベルン・ハイデルベルク・ベルリン各大学教授を歴任した。チュービンゲン学派の指導的人物として活躍したが、のちにはヘーゲル学派（中間派）に属しながら、カント哲学に近づき、新カント学派のさきがけ的な役割をはたした。

nullam（何もない）ということばにおきかえた。これを読んだルドルフ＝ハイム（一八二一〜一八五七）は、一八五七年のかれの伝記『ヘーゲルとその時代』において、ただちに、ツェラーの説をとりいれ、ヘーゲルの卒業証書について、つぎのように歪曲《わいきょく》した文章を書いたのである。

「……ヘーゲルの教師たちは、かれにたいして、かれはよい素質をもっているが、あまり勤勉さと学識のない人間で、下手な弁説家で、哲学に無知な者である、という証書をはなむけとした。」

このハイムというドイツの哲学者は、ハルレ大学の教授で、ヘーゲル流の哲学や唯物論などに満足せず、カントへの復帰を唱えた新カント学派の初期の人である。かれは『ヘーゲルとその時代』において、ヘーゲルを非難し、断罪した人物として有名である。それによると、哲学者ヘーゲルは、ドイツ哲学の独裁者・保守反動主義者であり、メッテルニヒの時代における「カールスバートの警察制度と扇動者狩り」とを、学問的に正当化し、プロイセンに奉仕した御用哲学者である、ということになる。かれの批判で、ヘーゲル哲学の評価は地におち、その後、数十年間、ヘーゲルは、反動思想家としてのレッテルがはられ、ヘーゲル哲学についての研究も沈滞していった。そして、それにかわって、ツェラーやハイムらの唱えた新カント学派がさかんになっていったのである。

ハイムは、時代によってなんども政治的な状況の変化を経て発展していったプロイセンを、ヘーゲル死後の反動的な時代の立場から、一方的に位置づけて評価し、その反動化した時代とヘーゲルを関係づけたり、また、ヘーゲルとヘーゲル哲学にかんする資料などを、自分勝手にゆがめて発表した。かれの見解は、その後、多くの批判をうけ、かなりの点で訂正されなければなかった。しかし、それにしても、ハイムの影響は大きかった。——これが、皮肉なことだが、ソポクレスのいう「真理はつねにさまざまに語られる」ということなのだろうか。

悲しいことであるが、あるがままにものごとを見るということは、まことに、むずかしいことである。まして、なんらかの意図をもってのぞむかぎり、救いようがないであろう。人間とは、いったい何なのだろう。作為するしないにかかわらず、人間はなぜ、誤解し、また誤解しあわなければならないのだろうか。あるいは、フランス革命におけるテロリズムではないけれど、ヘーゲルのいうように、人間という奴《やつ》は、しょせん、「消滅の狂乱」であり、「自分で自分を破壊する存在」なのだろうか。問題は深い——。こんにち、一般に流布されているヘーゲルについてのゆがめられた偶像は、このようにして、作られていったものもあるのである。

さて、若いヘーゲルは、一七九三年秋、牧師試補の資格をとって、大学を卒業した。そして、回復したばかりの熱病をいやすために、故郷のシュツットガルトに帰っていった。かれは、故郷では、ヘルダーリンの友人で、当時三五歳になる詩人で文学者のフリードリヒ＝シュテンドリンと、しば

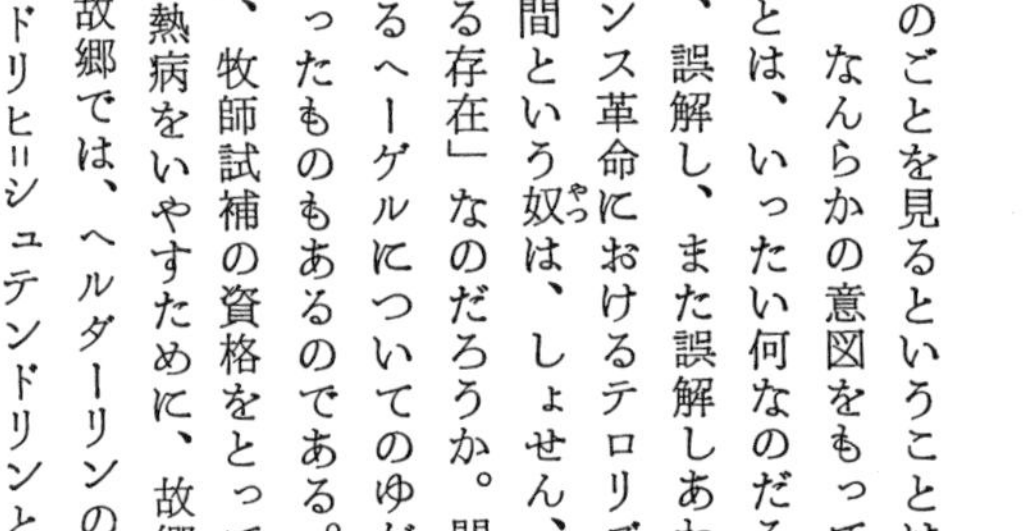

チュービンゲン大学

しばしば散歩をし、自分の将来のことについていろいろと語り合った。

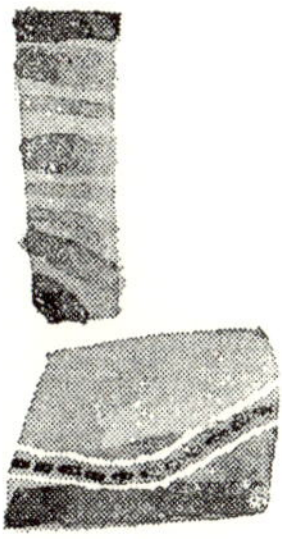

若い日の遍歴と思索

――ベルンおよびフランクフルト時代――

現在の十字架（苦しみ）のうちにバラ（喜び）をつむためには
おのれ自身に十字架を背負わなければならない
（ヘーゲル『宗教哲学』より。カッコ内のことばは著者）

人生の進路　おもえば、ヘーゲルが大学をでた一七九三年という年は、フランス革命がもっとも過激な段階に突入した年であった。すなわち、一月には国民公会によってルイ一六世が処刑され、二月には王の処刑におどろいたイギリスをはじめとするヨーロッパ諸国が、第一回対仏大同盟（～一七九七年まで）を結成しており、フランスは対外戦の緊張のなかにおかれるとともに、国内的にも反革命の動きや経済危機を迎えるにいたった。このような内外の危機にあたって、三月には革命裁判所の設置、四月には公安委員会の成立をみるのであるが、六月には、ジャコバン党がジロンド党を議会から追放し、公安委員会および革命裁判所を手中におさめて独裁政治（過激共和制）をはじめている。そして、党政府は人民の革命勢力結集のため、つぎつぎと新政策をうちだすが、七月には封建的特権を無償廃止して、すべての農民に土地を与え、完全な小土地所有の自営農民の創設をはかっている。また、一〇月には革命暦を制定し、王妃マリー＝アントアネットの処刑を行ない、一一月にはキリスト教の廃止と理性の崇拝を布告している。王妃の処刑以後、ジャコバン党による恐怖政治は、翌九四年七月の「テルミドールの反動」でロベスピエールが処刑されるまで、ますます激化の一途をたどっていくのである。

ヘーゲルは、このようなフランス革命をめぐる内外の事情のきわめて騒然とした年に、文字どおりきびしい実社会への第一歩を踏みだしたのである。時に、かれは二三歳であった。

常識的に考えれば、大学の神学の課程をおえて牧師候補者の資格をえたことから、ゆくゆくは牧師になることが、ヘーゲルの進んでゆく正常なコースであったといえよう。だが、かれは牧師への道をとらなかった。それは、当時のヘーゲルが、すでに『民族宗教とキリスト教』の論文でわかるように、大学でうけた超自然主義の神学をはじめ、ひろくキリスト教にたいして批判的な見解をもっていたからである。そこで、かれは、理論的な関心からではなく、むしろ社会や歴史の問題にかんする実践的な意欲をもって学問の道に志し、かつてカントやフィヒテが従事し、いまはまた親友のヘルダーリンやシェリングも歩むこととなる家庭教師の職についた。そして、はじめは一七九三年秋から一七九六年秋までの三年間を、スイスのベルン市（共和国）の貴族シュタイガー家で、つぎには一七九七年の初めから一八〇一年一月イエナに移るまでの四年間を、フランクフルト－アム－マインの商人ゴーゲル家で送るのである。

当時の家庭教師の職は、こんにちのわが国における学生諸君のやる片手間《かたてま》の仕事とはちがって、大学をで

フランクフルト－アム－マイン

た向学の士が、ひとしく経験しないわけにはいかない一つのみじめな運命であった。それは、名門や富豪の家に寄寓して、そこの子女の教育を担当するのであるが、その地位は不安定で、物心両面の苦しみを味わいながら、将来の自分に必要な学問上・経済上の準備をしなければならなかったのである。カントは約九年間、フィヒテは約八年間、シェリングは約三年間、そしてヘーゲルは約七年間、この身分にとどまった。大革命の印象を強くうけて育った当時の青年には、この高級な召使いともいえる職業は、いっそう重圧と感じられたにちがいない。ベルン時代のヘーゲルは、まったく憂うつだったようである。そして、ヘルダーリンなどは、このために、やがてフランクフルトにおいて、高貴な魂が破壊されてしまうのであった。若いヘーゲルは、親友のこの不幸なできごとを目撃し、人の世の悲しい運命をしみじみと体験するのである。

だが、ヘーゲルは、けっして悲しみや苦しみに屈しなかった。ベルンおよびフランクフルト時代のヘーゲルは、めまぐるしく変転する革命の推移や、いぜんとして立ち遅れている祖国の現状、そしてカントにつづくフィヒテ、シェリング、シラーらのドイツ思想界における新しい動きなどにたえず注目しながら、かれ独自の思索に沈潜し、若い日の自己の体験や認識を、人生の論理・現実世界の論理として思想化しようと苦悶し、たたかうのである。したがって、この家庭教師としての七年のあいだのかれの思想は、理想と現実との間の矛盾をめぐって、ジグザグの道をたどりながら発展し、成熟してゆく。そして、その研究も道徳的・神学的方面から漸次、哲学的方面へと向かってゆくのである。

ベルン時代の経験

ヘーゲルが故国をはなれ、肉親や友人とわかれて、家庭教師としてスイスのベルンに滞在していた三年のあいだ、かれのためになったことといえば、教師としてだれでもうけることのできる経験は別として、つぎの四つをあげることができよう。

① ヘーゲルはシュタイガー家で日々フランス語を用いていた。このことは語学の習熟とともに、フランスの事情を直接に知ることができるという利点があった。ベルンは地理的にもフランスに近かったが、とくにベルン（共和国）の支配下にあったワート地方（ローザンヌ市が中心）は、フランスからの移民が多く、フランス革命の影響をストレートにうけていた。しかも、ヘーゲルはスイス時代の多くを、このワート地方に近接していた「チュック」という町にあるシュタイガー家の館《やかた》ですごしており、フランス語を通じて、ヴュルテンベルク（当時、フランスの新聞が禁止されていたともいわれている）にいるよりも、フランスの政治事情を

よく知ることができた。

②　ベルンの貴族の保守的な風習やものの考え方を、シュタイガー家を通じて学ぶことができた。それは、チュービンゲンの政治クラブからもってきた若いヘーゲルの革命的ないきいきした理想とは、まったく対照的なものであり、市民的なヘーゲルには、とうていなじめないものであったが、それだけにまた、大きな経験でもあった。

③　ベルンの貴族的寡頭《かとう》政治の特質や組織を目のあたりに見る機会をもつことができた。ベルンの政治は名目は共和制であったが、その実権は、立法権の所有者としての大評議会（二九九名）と、それからえらばれる市長ならびに行政事務の官僚としての小評議会（二五名）がにぎっていた。したがって、大評議会が本来の主権者であり、その成員は市の高い身分のものからえらばれ、一〇年ごとに、復活祭のときその成員の補充選挙が行なわれることになっていた。ヘーゲルは、一七九五年四月一六日のシェリングあての手紙で、かれ自身の観察した大評議会の選挙の模様（とくに、選挙人相互の取り引き、かけひき、おどし、買収、そして、この選挙が、ヴュルテンベルクの民会と同じく、けっきょくは大評議会の自己補充権の行使にすぎないことなど）をくわしく知らせている。

かれは、郷国ヴュルテンベルクの民会制度の問題を意識していたためか、ベルンの貴族的寡頭政治にきわめて興味をもち、ベルンの歴史・憲法・財政・統計などについても、詳細な研究を行ない、実証的な記録をつくっている。

ヘーゲルがスイスにきた当時、ベルンでは、ワート地方出身の弁護士カール（当時、ベルン政府と争って解職され、パリに亡命中）によって、ベルン政府がワート地方を一五六四年に合併して以来、ローザンヌ条約を無視して、この地方の人民の権利をふみにじり、悪らつな政治を行なってきた事実を暴露し、人びとの蜂起の合図となることをねらった著述が出されていた。ヘーゲルは、この発売禁止になった書物（ワート地方の知人ミュラルにあてた親書の形式をとったもの）をほん訳し、それに「序文」とくわしい「注解」をつけて、後年（一七九八年四月）、フランクフルトで出版（『カール親書訳』）している。この訳著はヘーゲルの最初の公刊書であるが、その注解の部分こそ、ベルン時代においてヘーゲルの研究したものである。

この『カール親書訳』で、ヘーゲルは、国家の実現しなければならないものは「義」（価値に比例して等しく分かつこと）であるが、義は権利でもあり、義の国家はまた権利（人権）の国家であることを説き、ベルンの貴族的寡頭政治はこれにそむいており、したがって、そのような国家には革命の到来が必然であるということを、ドイツの民衆にひろくうったえている。この訳著には、ベルン時代のヘーゲルの国家にたいする根本的な考え方（すなわち、国家＝市民社会＝義の国家＝権利・人権の国家＝国家契約説・自由主義・共和主義の立場）があらわれている。そして、ヘーゲルは、この書の序文において、「人間というものは、ことのしだいによっては、かんにん袋の緒を切ることのありうるものである」といい、また、ローマの詩人ヴェルギリウスのことばを引用して、「なんじらいましめられたものとして正義を学べ」と叫んでいる（ヘーゲル『政治論文集』金子武蔵訳上巻、岩波文庫）。ベルン時代のヘーゲルはすでにシェリングあての手紙でみたように、ドイツの革命を真剣に考えていたのである。

ところで、ヘーゲルが『カール親書訳』を出版したときには、スイスでは、フランス軍の侵入によって、ヘルヴェチア共和国が成立（一七九八年春）しており、ベルンの革命とワート地方の独立がすでに成就されていた。革命後のベルンはヘルヴェチア共和国の一つの州となり、ワート地方は解放されたのである。

④　ヘーゲルはスイスの限りなく美しく壮大な自然を踏破し、それに親しむ機会をえた。かれは、一七九五年五月（ベルンの大評議会の選挙のあと）にはジュネーブに旅行し、また、スイス滞在の終わる翌九六年七月末には、三人のザクセンの家庭教師とともに高アルプス地方の跋渉《ばっしょう》を試みている。その『アルプス旅行記』は、ヘーゲルの忠実な自然描写と、かれ独自の自然観を記したものである。

ベルン時代の研究、「理性と自由」の偏重

この時代のヘーゲルの研究は、大体において、大学時代の研究の継続であったということができる。だが、わずか三年間であったとはいえ、この時代の研究には、ヘーゲルの思想の発展過程（発展史）からみて、無視することのできないきわめて重要なものが含まれていると考えられるので、かれの研究について概観してみよう。

①　『民族宗教とキリスト教』の論文の続稿――一七九三年から九四年にかけての研究で、チュービンゲン時代からベルン時代への過渡期のもの。――この研究は、大学時代の『民族宗教』にかんする論文（基本稿）から当然でてくる問題、すなわち、キリスト教がはたして民族宗教としての資格をもっているかどう

か、とくに公的宗教とみなすことができるかどうかの問題をとり扱ったものである。がしかし、民族宗教のそなえるべき特質（主体的・実践的・公的）に照らしてみて、キリスト教には、その反対の要素（客体的・理論的・私的な性格、すなわち律法性・既成性）が強く、キリスト教はとうていヘーゲルの構想する民族宗教ではないという結論に達する。――したがって、「キリスト教の律法性批判」ということが、今後の宗教研究の中心課題として残されることになる。

②『実践理性の研究の断片』――これは、わたしたちがそのように名付けることのできる断片で、一七九四年から九五年にわたり、ヘーゲルが実践理性を中心に、カントおよびフィヒテについて研究した覚え書きふうのもの。――ヘーゲルは、民族宗教の続稿で、キリスト教の批判的研究をおし進めたが、他方では、自分の追究する宗教の概念（本質的な特徴）を明確にしておかなければならなかった。

(イ)　そこで、かれは、一七九三年にカントの宗教論の書物『たんなる理性の限界内の宗教』が刊行されたのを機縁として、ふたたびカントの実践理性批判および宗教哲学を本格的に研究する（この研究の着手については、九四年一二月および九五年一月のシェリングあての書簡によって知ることができる）。そして、その結果、宗教は「実践理性の要求」にもとづくものであり、理性の法則をまもろうとする道徳性をはなれては成り立つことのできないものであるという大学時代以来の態度を、さらにいっそう徹底させて、ついに、「すべての真実な宗教の目的と本質は人間の道徳性である」ということになり、真実の宗教＝理性宗教となる。――「理性」の偏重――。

したがって、大学時代の民族宗教にかんする論文の基本稿では、宗教の主体的原理は「愛」（理性的と感性的との統一原理）であるとされていたが、続稿では、愛の原理は後退し、ただ「義務への愛」「道徳のおきてへの尊敬」となり、わたしたちの内なる理性が「神的な閃光《せんこう》」であって、これ以外になんら外的なものは宗教にとって必要ではないとされるにいたるのである。——今後、キリスト教の律法性批判の基準は、理性宗教・道徳的宗教であるということになる。

(ロ) ところで、ヘーゲルは、「道徳と幸福」「ゾルレン（当為・理想）とザイン（存在・現実）」との調和をあくまでも貫こうとするから、かれの実践理性は、ただ英知界だけを支配し、現象界から解放されているといったものではなく、かえって、現象界をも包みこもうとするフィヒテの「絶対自我」[1]の思想に近づいていく。そして、このようなヘーゲルの思想に拍車をかけたのは、シェリングとの往復書簡であった。

ヘーゲルは、一七九四年末から九五年にかけて、シェリングとの間に数度の文通をしているが、送られてきたシェリングの『哲学一般の形式の可能性について』という論文を読み、シェリングによって理解されたフィヒテの「絶対自我」の思想にふれる。天才シェリングは、大学に在学中から論文を発表し、すでに、ド

1) 絶対自我はフィヒテ哲学の原理であるが、それは、自己自身を限定しながら、非我（現象界）を生産するとともに、限りなく、その非我にうち勝って世界を形成する自由なはたらきそのものとしての活動的自我である。フィヒテは一七九四年に『全知識学の基礎』を著わし、カント哲学の限界である理性と感性、英知界と感性界（現象界）との二元論的対立を克服しようとして、カントの理論理性と実践理性の統一をはかり、実践理性の優位をさらにひろげて、「理性は実践的であり、活動的自我であって、非我にたいして、本来優越するものである」ことを明らかにし、絶対自我の概念を基礎づけた。フィヒテの立場は、「自我が一切である」とする主観的観念論である。

イツ思想界における新しい潮流にのって進んでいたのである。シェリングは、フィヒテ哲学の研究をとおして、「自分にとっては、あらゆる哲学の最高の原理は絶対自我である」こと、「あらゆる哲学のアルファーにしてオメガなるものは自由である」こと、そして「神とは絶対自我以外のなにものでもない」ことを宣言する（九五年一月六日付ヘーゲルあて書簡および金子武蔵『ヘーゲルの国家観』参照）。ヘーゲルはこのシェリングの説にまったく同意し、自分の予感していたことに確信を与えてくれたことを感謝するとともに、「理性と自由」が合言葉であることをあらためて誓いあい、ドイツに革命（理念革命）の到来することの必要を激しくうったえるのである（九五年四月一六日付シェリングあて書簡および本書「革命のなかに何をみたのか(Ⅱ)」参照）。

こうして、若いヘーゲルは『実践理性の研究の断片』をとおして、カントおよびフィヒテの研究を進め、絶対自我の絶対自由の立場を貫徹しようとする確信をもつにいたった。「理性と自由」の偏重――これが、ベルン時代の若いヘーゲルを支配した基本的な立場であるが、それは、この時期に方向づけられたものである。そして、それには、また、この時期におけるヘーゲル自身の実存的な体験、すなわち、シェリングとの文通以外では、フランス革命の激化や、それと対照的で、あまりにも反時代的なベルンの政治、そこにおけるヘーゲル自身の生活、およびヴュルテンベルクや祖国の立ち遅れの状況などのいっさいが反映しているといえよう。

ベルンでのヘーゲルの思想は、『カール親書訳』などでもうかがえることだが、社会的・歴史的な問題にたいして、かなり実践的・能動的であり、また反抗的でもあった。当時のヘーゲルは、ジャコバン党の独裁には反対していたものの、フランス革命を外から観念的にみていたということもあって、ルソー＝ジャコバン的な思想に近いものを、革命の理念としてもっていた。

ヘーゲルは、このような理性と自由を偏重する立場に立って、ベルン時代において、『イエスの生涯』と『キリスト教の律法性（既成性）』にかんする論文を書くのである。この時代におけるヘーゲルの主観主義的・急進主義的な思想傾向は、つぎのフランクフルト時代になって反省され、ヘーゲル独自の世界観が形成されるにつれて克服されるのである。

若いヘーゲルの宗教研究の意味　ところで、立ち遅れのドイツでは、国民的意識のめざめが低く、また、市民的精神の点でも、フランスのように現実社会の力になるまでに育っていなかったから、若いヘーゲルは、カントの精神をうけついで、国家の基礎は道徳だと考えており、国民の道徳的改革が革命に欠くことのできない前提であるとみていた（シラー『美的教育書簡』の影響）。

そこで、(イ)　かれにおいては、社会的・歴史的な問題はすべて道徳（のちには「人倫」）の問題という形で現われている。そして、(ロ)　かれは、その道徳の問題を規定する要素を歴史のなかにたずね、その要素を宗教においてみいだしたのである。――民族精神（息子）を育成教化する乳母兼教育者は宗教（芸術を含む）であり、また、その宗教は民族精神を媒介として、政治（母）および歴史（父）と不可分の関係にあるものであった。したがって、かれによれば、古代の自由から中世および現代（ヘーゲルの時代）の専制へと移り、それからふたたび新しい自由へ移行するという歴史的な転換は、ふかく宗教的な転換と結びついている。つまり、「古代」＝「本源的自由の時代」・全体と個人の一致する集団的主体・共和主義・自由主義・財産の比例平等・自由で人間的なギリシア宗教→「中世および現代」＝「自由の喪失の時代」・利己的な私人（ブルジョア）の出現・専制（隷属）主義・虚無と無常・私人的で既成的（律法的）な宗教としてのキリスト教・宗教と政治の結託（同じ穴のムジナ）→「革命の現代」＝「自由の奪還・再興の時代」・その課題は「社会と個人」の調和・そのための道徳的改革・古代に範をとった自由で人間的な宗教としての民族宗教の実現（宗教改革）・政治革命、すなわちフランス革命の到来、ということになる。[1]

したがって、ヘーゲルのめざしたものは、フランスの啓蒙主義者とはちがって、宗教そのものにたいする闘争ではなく、むしろキリスト教にかわる新しい自由の宗教の実現であり、それによる国民生活の調和と統一の達成ということであった。

そこで、かれは、宗教とくにキリスト教の成立にかんする社会史的・宗教史的な研究に専心した。というのは、キリスト教が没落する見通しをうるためには、それが成立した根拠を明らかにしなければならなかったからである。このように、宗教の問題は若いヘーゲルの研究のなかでもっとも重要な役割をになっている

1）ゲオルグ＝ルカーチは、その著『若いヘーゲル』において、「ヘーゲルの思想の発展が、一般にフランスの政治的発展にしたがっている」ことを指摘しているが、ベルン時代のヘーゲルの時代観には、フランスの革命家の幻想と似かよっているものがある。すなわち、ロベスピエールの「最高存在」の礼拝は、革命を実現する基盤を国民の道徳観のうちにきずいていこうとするものだった。ロベスピエールは、誕生とか、冠婚葬祭が、共和主義的な影響を与えるための手段として重要であることを述べ、ギリシアの例をくわしく引用している。

ものであった。

ところで、若いヘーゲルが、とくに宗教の問題を重視したことについて、ヘーゲル研究者のあいだには、たとえばラッソン（一八六二〜一九三二）やノール（一八七九〜）らのように、若いヘーゲルにキリスト教的な神学時代があったという見方をする人もある。ノールはベルンおよびフランクフルト時代のヘーゲルの論文を『青年時代のヘーゲルの神学論集』と題して出版した。しかし、この『神学論集』や当時のヘーゲルの出した書簡などを、偏見なしに読むなら、フランクフルト時代の後半（一七九八年秋以降）にいたるまでのヘーゲルは、むしろキリスト教神学にたいして批判的であり、また敵対的であったという事実を知ることができるであろう。

ヘーゲルは、フランクフルト時代の後半に、若い日の思索と体験の総決算ともいえる『キリスト教の精神とその運命』という論文――かれ自身の苦悩にみちた実存的な体験をとおして、「愛と運命」の問題を深く探求したもの――を書きあげるが、そこにおいて、はじめて、キリスト教の存在の歴史的な意味を肯定するにいたるのである。

ベルン時代のイエス像

ヘーゲルは、イエス像を三度描き直している。一度はベルン時代であり、他の二度はフランクフルト時代においてである。イエス像は同時にかれ自身の理想像であり、かれ自身の実存と深く結びついている（実存の変化↑↓イエス像の変化）。ヘーゲルの宗教研究の変遷は、このイエス像をめぐって変わっているといっても過言ではないであろう。

ところで、ベルン時代の宗教研究の中心は、すでに『民族宗教』にかんする続稿によって決定されていたように、宗教、なかでもキリスト教の律法性・既成性の批判という問題であった。そして、その批判の基準は、『実践理性の研究の断片』において方向づけられた理性宗教であり、道徳的宗教である。したがって、まず、理性宗教がどのようなものであるかが明らかにされなくてはならないが、これをあくまでも具象的にとらえようとするヘーゲルは、理性宗教の理想像を、ユダヤの律法宗教に抵抗しつづけたイエスのなかに求めたのである。

③『イエスの生涯』——一七九五年五月九日から七月二四日までに書かれた論文。——ヘーゲルは、この論文を進めるにあたり、まず、その冒頭において、ヨハネ伝のはじめにでてくる有名なロゴスの句を、つぎのように解釈している。両者を比較して書いておこう。

○ヨハネによる福音書第一章のことば

「初めに言《ロゴス》(ことば)があった。言は神と共にあった。言は神であった。この言は初めに

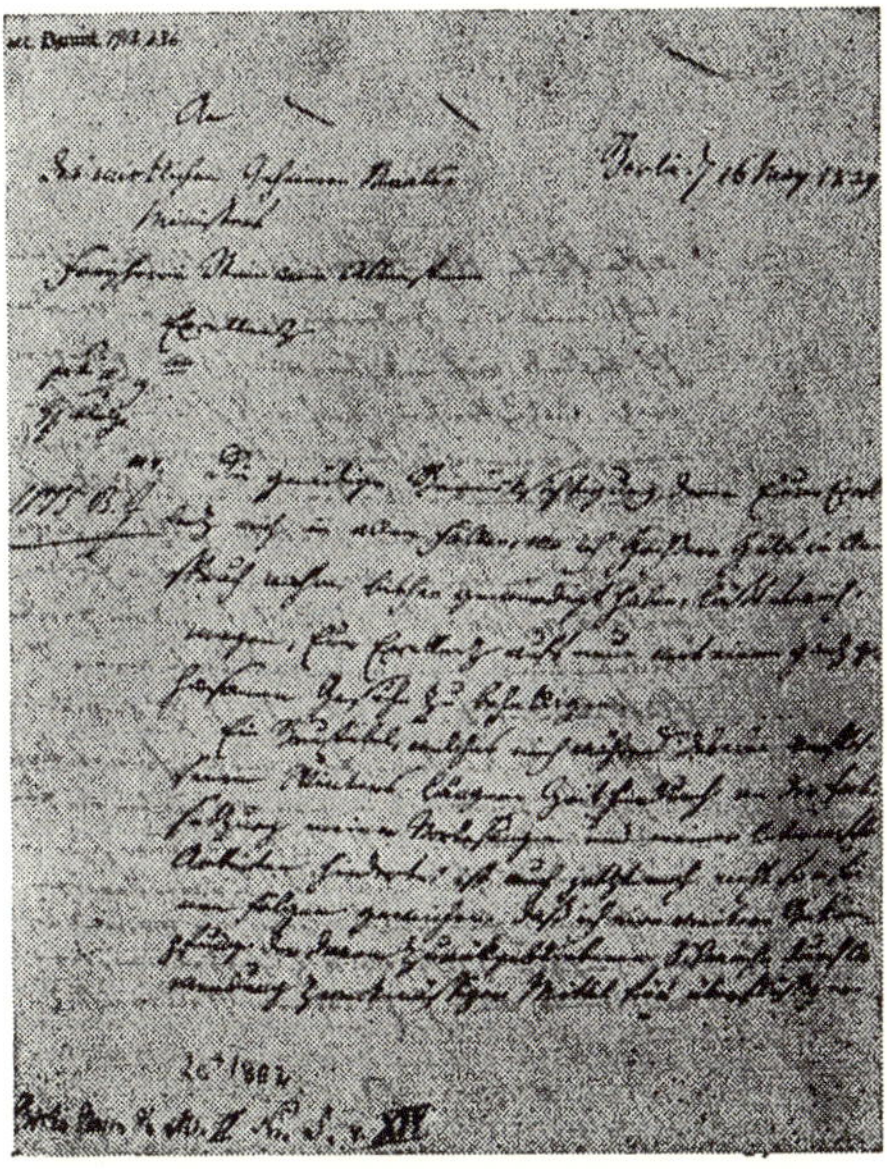

ヘーゲルの手紙

神と共にあった。すべてのものは、これによってできた。……この言に命があった。そしてこの命は人の光であった。光はやみの中に輝いている。そしてやみはこれに勝たなかった。」

○　ヘーゲル『イエスの生涯』のことば

「なにものにも拘束されない純粋な理性《ロゴス》は神性そのものである。世界のいっさいのものは、理性によって企画され、秩序づけられている。理性は人間にその使命、その生命の絶対的な目的を知らせるものである。これまで理性の光はしばしば暗くされた時があったが、しかし決して消え失せることなく、やみの中にあってもつねに微光を放ちつづけてきた。」

ユダヤ人のうちで、この理性《ロゴス》をもつ人間の尊厳を人びとに気づかせたのはヨハネであったが、堕落した人倫を改善し、真の道徳と純粋な信仰とを人間にもたらすために、ヨハネ以上に献身努力したのはイエスであった。いくたの試練をへて「不動の信念」に到達したイエスは、三〇歳にして民族の道徳的教師として登場した。そして、いかなる苦難や迫害に直面しても、良心の自由を失うことなく、教会の制度や因襲的な命令などの外的権威にしたがうことを強制するユダヤの律法的宗教に対抗して、苦しみ悩む多くの人びとに、理性をもつ「人間の尊厳」を教えたのである。

すなわち、あなたは、あなたの胸のうちに「神的な光」としてやどっている「理性《ロゴス》」にしたがって、あなた自身を律する法則をたて、それを究極の判決者として行動しなければならない、理性の判決にたいして基準を提供できるような外的な権威は、どこにも、天にも地にもないのである、とイエスは説いたのである。

ヘーゲルは、このように、道徳的主体性の体現者としてイエス像を描いている。しかし、わたしたちは、この時代のヘーゲルの描いたイエス像について、とくに、つぎの諸点を確認しておかなければならないであろう。

(イ) この論文のイエス像では、イエスの根本精神は、新約聖書における「愛」でも「ゆるし」でもなく、義務と良心にもとづく「道徳性」であり、「義」である。したがって、イエスの説く道は、「愛の道」ではなく、「義の道」「徳の道」であり、道徳的宗教の中心となる徳は「義」および「不動の信念」である。

(ロ) イエスの宗教は道徳的宗教であるから、その神は、ただ理性の法則にしたがう道徳的行為のみを要求するものである。したがって、イエスの宗教や伝説からは、奇跡や予言や復活がとりのぞかれる。

(ハ) イエスの根本精神とされた「義」は、もとギリシア語でいえばイソノミヤであり、「価値に比例して等しく分かつこと」であるが、人倫的には、義はまた権利（人権）である。したがって、「義による共同」は「関係においての同一」であるだけであり、そこには「愛による共同」のような相互の融和や浸透がみられない。本来、権利としての義は市民社会的・人類的なものであって、かならずしも民族的・国家的なものではない。その意味で、イエス像における「義」の思想は、当時のヘーゲルが、国家＝市民社会＝共和制＝自然法的立場という考え方をもっていたことと一致している。がしかし、「義」だけの強調では、かえって、ヘーゲルの構想してきた民族宗教の理念から離脱する傾向のあることは否定できない。

(ニ) ユダヤの客体的・外在的な律法の宗教に反対して、人間の理性による自己立法を強調する道徳的宗教は、一応、宗教の主体性を確立するが、道徳的宗教によるこの主体性は、本来、道徳法則のもつひろくすべてのものにわたって通用するという普遍性を土台とするものだから、「理性と自由」を偏重して、道徳性を徹底すればするほど、いっそう純化され理想化されて、理性宗教の理念には近づくが、それだけまた、非現実的・非歴史的なものとなり、民族的生活の地盤から浮き上がってしまう。それではかえって、道徳的宗教は民族の主体的宗教の確立ということと無縁なものとなり、単なる少数の賢者のための理性宗教に逆戻りする危険がある。――啓蒙思想の影響、歴史にたいする理解の不徹底――。

(ホ)　理性にもとづく人間の尊厳は「義」であり、「人権」であるから、外的権威によって一方的に信仰を強制する律法的宗教は、また、人権を無視し、冒瀆《ぼうとく》する宗教である。――専制主義――。

(ヘ)　宗教と政治の結託――ヘーゲルにおいては、宗教は政治と不可分の関係にあるものであったが、イエスの律法的宗教にたいする闘争は、同時に専制政治にたいする闘争であった。ヘーゲルは、この論文で、パリサイ人や大祭司らが、イエルサレムの政権を最高会議において掌握しており、パリサイ人が、イエスをおとしいれるために、ヘロデの一派と結託していることをくわしく述べているが、これは、当時のヘーゲルの実存の問題としても考えられる。

すなわち、社会的・実践的な意欲にもえていたこの当時のヘーゲルは、この年の一月にシェリングあての手紙で、ヴュルテンベルク公国における教会と政治との結託による専制主義について言及している。また、『イエスの生涯』の書かれる約四週間前の四月一六日付シェリングあての手紙では、まず、『カール親書訳』

でとりあげられた「正義」に反するベルンの政治や大評議会の補充選挙の不正について述べており、ついで、人間の自由と尊厳が人びとに自覚されるようになってきたことを「時代の善い兆候」として謳歌《おうか》するとともに、こんにちまでの永いあいだ、宗教と政治とは結託して専制政治をおこない、とくに宗教は人間性を侮辱し、人間の無能力を教えこんできた、と激しく非難している。そして、ドイツにおける革命の到来を念じている。——しかしながら、この時代のヘーゲルは、宗教と政治との歴史性および現実性に徹していないために、いたずらに実践的・能動的・反抗的な意欲の方が先行しており、抽象的な主観主義・急進主義におちいっている——。

キリスト教の律法性（I）

ヘーゲルのベルン時代における宗教研究の中心問題は、宗教、なかでもキリスト教の律法性・既成性の批判ということであったが、かれはこの問題にかんする論文（断片）を、時期的にみて三度書いている。そして、そのうちの二度は、ベルン時代において「基本稿」とその「続稿」という形で書き、他の一度は、フランクフルト時代の終わり近くに「改稿」という形で手がけている。

宗教の律法性（既成性）というのは、外的なある権威によって与えられたもの（命ぜられたもの）を、——権威にもとづいているからという理由で——真理であるとして信仰するということである。したがって、一般的に「律法性（既成性）」は、人間から理性にもとづく自由と独立をうばいさるものであり、「道徳的自律性・主体性」とまったく対立し、矛盾するものである。[1)]

④『キリスト教の律法性《ポジティビテート》（既成性）』――一七九五年一一月二〇日から九六年四月二九日までに書いた論文（基本稿）。――これは、前節でとり扱った理性宗教としてのイエスの宗教が、どうしてキリスト教という律法的・既成的な宗教となっていったかを問題にしたものである。

ヘーゲルは、この論文において、キリスト教の律法性成立の過程を、(イ) イエスとその弟子との関係、(ロ) イエスの処刑後に発生した教団とその教団の拡大、(ハ) 国教としてのキリスト教と国家（政治）との関係、というおよそ三つの発展段階に分けて考察している。

(イ) イエス自身は道徳的自律性の体現者であったとしても、かれはユダヤ人であり、ユダヤ教の伝統の上に自己の信仰の原理を基礎づけなければならなかった。そして、非理性的で、他律的・奴隷的なユダヤ人を導くためには教説の正しさ（必然性）だけでは効果がなく、イエスは、自分が父なる神の代理者であるとか、自分の偉大さがあらわれるのは死後においてであるとかという、人格の権威をもってのぞまなければならなかった。

1) これに関連していうならば、ヘーゲル哲学の中心問題は、すべて、この「道徳的（人倫的）主体性」（自律・主体の原理）と「律法性（既成性）」（他律・客体・運命・疎外などの原理）との対立から生じているということができる。そして、この両者の対立を、「歴史性＝現実性」に深く徹することによって統一するのが、後年のヘーゲルにおける「和解」の思想（範疇《はんちゅう》）である。
なお、律法性・既成性ということばは、「ポジティビテート」というドイツ語（英語では、positivity＝positiveness）の訳語であるが、このことばは、訳者によって、積極性・実定性・実際性などと訳されている場合もある。しかし、いずれの場合も、その意味するところのものは同じである。

こうして、イエスの教説よりも、かれの人格や行動が弟子《でし》たちにはいっそう重要なものとなり、他律的なかれらには、イエスをメシア（救世主）と仰ぎ、奇跡や予言を信仰することも生まれて、理性的でない歴史的信仰が成立していった。——超越的客体としての神（権威）を信ずるという律法性の発生（萌芽）。

そして、これを成長させたものが、弟子たちのユダヤ的性格である。ヘーゲルはここで、イエスの弟子とソクラテスの弟子とを比較する。ソクラテスの弟子たちは、アテネの共和主義・自由主義の体現者であり、かれらの関心は国家であって、ソクラテス個人ではなかった。だから、かれらは、ソクラテスの説く道徳や理論を理性の光に照らして、真理であるから信じたのである。かれらは、まず、真理を真理として愛し、それ故にまたソクラテスを愛したのである。それにたいして、イエスの弟子たちは、ユダヤ人として、自己立法的な理性の能力に乏しく、真理であるから真理とするのではなく、師イエスが説いたから真理だとするのである。真理であるかどうかについて、かれらはまったくイエスの人格に依存していた。——権威によって与えられた命令を信ずるという律法性の成立。

(ロ)　イエスの処刑後、弟子たちをめぐって、理性的真理にではなく、歴史的事実に立脚した教義（ドグマ）や儀式をもつ一定の集団、すなわち教団が発生する。そのような理性的真理にもとづかない教団のドグマには、ひろくどこにでも通用するという普遍性はないのであるが、教団は、そのドグマが神意の表現であると頑強に信じており、熱狂的に信者の獲得に狂奔する。こうして、教団はしだいに拡大するのであるが、この拡大がまた、キリスト教の律法性を一段と進めることとなる。——律法性には、偶然的・恣意《しい》的なものがつきまとっている。

ヘーゲルは、ここで、キリスト教の律法性の発展を、教団を構成する信者間の経済的・社会的な差別の進行と関連させて究明している。

すなわち、原始教団では、私有物の保有は神への冒瀆《ぼうとく》であり、財産は共有であった――本源的平等――。ところが、教団の拡大によって、信者の統一と親睦はくずれ、信者が経済的・社会的に差別のある階級から成り立つようになって、財産の共有は消え去った。そして、財産の共有は、もはや、信者の入団の条件として要求されなくなっていった。がしかし、それだけますます、教団（教会）への自発的な寄進が、天国への市民権を買う手段として要求された。すなわち、本源的平等が「偽善」へと転化していったわけである。

キリスト教は、このようにして、教団の拡大（律法性の強化）にともなって、いっそう発展する。しかし、そこでは、イエスの私的道徳（イエスは原理上、つねに個人にむかって説教し、社会の問題に注意しなかった＝私的性格）は、律法的宗教（キリスト教）のドグマとなり、僧侶は「神話の受託者」「宗教的真理の専売者」になりかわっているのである。――教団が普遍的なものとして拡大化していくことは、かつて小集団として主体的に結合していた教団の成員にとっては、もはや教団は自分たちのものではなく、まったくよそよそしい客体的・外在的なものになっていくことである。すなわち、組織の普遍化・拡大化＝律法性のもつ要素としての客体性・外在性・強制性の強化を意味する。

(ハ)　しかし、キリスト教が国教としての扱いをうけ、教団の範囲が拡大して国家と一致するようになれば、問題はさらに深刻なものとなる。ヘーゲルによれば、国家は、本来、国民の生命財産の権利を保護することをもって使命とし、その立場は適法性にあって道徳性にはないが、その適法性の実現は、みずから法にしたがうという道徳性の力をまたなければならない。こうして、宗教は、国家にとって手段として、その意味をもつことになるが、宗教を法的に規制することは、その独自性である道徳性をうばうことになるから、国家は国民に信仰の自由を許さなくてはならない（これは、当時のヘーゲルの共和主義的な国家観の立場）。

　国家と宗教とがこのような関係にある段階では、たとえ、信者が一宗派から破門されても、国家の保護をうけられるので問題はない。しかし、教会＝国家となれば、破門＝国家からの追放となり、重大なことになる。——当時のドイツでは、いわゆる「統治者の宗教」の原則が確立されていた（本書「立ち遅れのドイツ」参照）。

　国家をうばい、また、これと結託した教会は、法王という主権者のもとに立法・行政・司法の権力組織をそなえて、それじしん国家となる。旧教会だけではなく新教会もまた、実質において、これと同じである。とくに注意しなければならないのは、教会が国家における教育・教養を左右するということである。イエスは、もとユダヤ人の適法性の宗教、すなわち律法的宗教に反抗したが、いまや、ここにふたたび、皮肉にも、そのイエス自身の教えをうけつぐキリスト教への反抗が必要なのである。

　ヘーゲルは、このように、キリスト教の律法性の成立過程を歴史的に辿《たど》りながら、律法的宗教と人間の自由・独立とのときがたい矛盾をはっきり定式化し、宗教の律法性が、人類の解放にとって決定的な妨害物であることを明らかにした。かれは、律法性の打破という形で、現体制を批判し、キリスト教にたいする公訴状を敢然とつきつけているのである。――律法性は発展して、ついに歴史にたいして宿命的となる。「律法性＝運命」ということが、こんごのヘーゲルの研究に残された課題である。フランクフルト時代の『キリスト教の精神とその運命』という論文は、この課題をとり扱ったものである。

キリスト教の律法性（Ⅱ）

ところで、このようなキリスト教の律法性・既成性の状態を脱する道は、若いヘーゲルによれば、人間の古代的な自由と自己活動性とを再興し、キリスト教にかわる民族宗教＝理性宗教を実現することであった。したがって、若いヘーゲルにとって、古代はけっして過ぎ去った歴史の一時期ではなく、フランス革命とともに始まりつつある新しい世紀にたいするいきいきしたモデルだったのである。それでは、古代はどのようにヘーゲルのなかに生きていたのだろうか。ヘーゲルは、つぎの論文において、それに答えようとしている。

⑤『キリスト教の律法性』の続稿――一七九六年八月ごろに書かれた論文（断片）。ベルンをはなれるにあたって、親友ヘルダーリンに送った『エロイジス』（エレウシス）という詩とほとんどおなじ時期に書かれている。――これは、若いヘーゲルの構想する民族宗教にとっての模範ともいうべき古代ギリシアの宗教が、どうして律法的なキリスト教にその席をゆずらなくてはならなかったのか、という問題を追究したものである。

人間生活のすみずみにまでしみとおっていた郷土の宗教が、異国の宗教によって駆逐《くちく》されたという、このおどろくべき革命の原因を、ヘーゲルは、キリスト教のおこってきた当時のローマ帝政期の時代精神のなかに求めようとする。がしかし、それにさきだって、かれは、ローマ帝政時代にいたるまでの歴史の歩みを辿《たど》っており、そこに、ヘーゲルの古代観すなわちポリスの理想をみることができる。

(イ)　ヘーゲルの古代観——古代共和国（ギリシア・ローマ）の市民は自由な人間として、かれら自身の法律や、かれら自身の選んだ人間にしたがい、かれら自身の決定した戦争を遂行した。そして、他から道徳についての準則（格率）を教えられるのではなく、自己の行為によって徳をきたえたのである。公的生活においても、私的家族的生活においても、各人は自由であり、自己自身の法則にしたがって生きていたのである。かれらの行為の原動力ともなったものは、肉の目には見えないものであるが、国家や祖国の理念（イデー）であって、それらのまえには、かれらの個性は消え失せた。かれは、ただ国家の維持のためにのみ生きることを欲した。

かれらの神々は、たしかに威力あるものであり、自然界のなかで、人間の苦悩や幸福を支配していた。だから、事の成否にかかわりなく、助言や忠告が求められ、恩恵が祈願され、感謝が捧げられた。だが、かれらの神々が支配権をもっているのは、自然的世界に限られており、道徳的・精神的世界においては、かれら各自の意志は自由であり、じぶん自身の法則にしたがっていたのである。かれらが道徳法則を神々の命令と呼んでも、神々の命令は文字で与えられるということはなく、「アンチゴネー」においてのように、いわば目にみえないものとして、めいめいじぶん自身の心情のうちに働くものであった。

しかしながら、あいつぐ戦勝は、アテネやローマを富裕にし、国民のあいだには貴族が発生する。貴族の武功にひきつけられ、まどわされた民衆は、みずからの自由意志にしたがって、国政を貴族にまかせた。貴族は、やがて、多くの人間を支配する力をもつにいたった。そして、国家機構の操縦は、少数のものにまかされ、国民はただ個々の歯車として奉仕しているだけのものとなっていった。このようになると、国民の魂から、かれら自身の活動の産物としての国家の像が消え失せていった。こうして、国民のあらゆる活動や目的は、個人的なものにのみかかわりをもつことになった。いまや、全体やイデーのための活動はなくなり、あらゆる政治的自由は没落していったのである。

若いヘーゲルの心をとらえた古代観の基本線は、およそ以上のようなものであるが、そのなかで、かれがとくに重視したのは、つぎの二つの点であった。
(A)　古代共和国における非固定的で非律法的な民族（＝市民）の自由と自己活動性。すなわち、個々の主体の道徳的自律性は、全国民の民主的な集団性・公共性（集団的主体性）と一致すべきものであるという理念＝「公・私生活のいきいきした主体的連関」をみていた。
(B)　そのような古代共和国の基礎としての「富の平等」。これは、さきに「原始教団」のところでみた「本源的平等」としての「財産の共有」の思想と通ずるものである。ヘーゲルは、富の平等の廃棄が古代共和制の没落の原因であるとみていた（ルソーによる経済的原因の重視の影響）。

ところで、ヘーゲルの古代観にある「富の平等」という思想は、当時のかれにとっては、また、実存の問題としても考えられる。

すなわち、ジャコバン党は政権をとって間もなく（一七九三年七月）、封建的特権の無償廃止を法律できめ、封建的財産の没収とその分配を行なって、農民の解放を断行した。これは、政策的には、対外戦を遂行するための反革命の鎮圧と食糧の確保、および民主革命の遂行（革命勢力の結集）のためのものであったが、ジャコバンは、革命にたいする基本的な考え方として、古代民主主義を手本として、民主革命の経済的基礎を財産の比例平等のなかに求めていたのである。したがって、当時のヘーゲルは、このルソー＝ジャコバン的な革命の幻想の影響をストレートにうけていたとみることもできよう。

ヘーゲルが、このように、古代と現代（ヘーゲルの時代）とを直接的（無媒介）に等置する「古代復興」の幻想の限界を自覚するのは、ジャコバン的幻想が現実との矛盾におちいって、ヘーゲル自身が、宗教や政治や社会の諸現象についての歴史性・現実性に目ざめてからである。その時、かれはフランクフルトに移っていた。

(ロ)　古代の没落（キリスト教の成立）――ヘーゲルは、古代の没落の歴史をつぎのように分析する。

すなわち、すばらしい古代が没落してみじめな世界におちいったのは、富の不平等が発生し、社会階層の分化がおこったためであり、それによって、古代民主制のもっていた公共性と自由、すなわち公・私生活のいきいきした主体的連関が解体した。そして、これらの解体のなかで、人間の生活現象の個人化が起こり、また、律法的でない古代の宗教は、ローマ帝国の拡大による諸国民の平均化によって滅んでいった。

政治的自由をうしなった国民が、国家にたいして関心をいだくのは、ただ生命財産を保証されようとする限りであって、生死をかけて国家のためにつくすことは無意義となる。ローマ帝政期には、兵役の忌避（逃亡・贈賄・傷害などによる回避）がさかんであった。

ヘーゲルは、これらのあらゆる古代的な生活形式の分解のなかに、私的宗教が発生する必然性を求め、「このような状態のなかでは、人間はなにか固定的なものへの信仰なしには……喜びがもてなかった。……このようにして、時代の要求にかなった、それゆえに、腐敗欠乏の民族のもとで発生した宗教があらわれた」と述べて、キリスト教が帝政ローマの社会に定着する要因を明らかにする。そして、キリスト教の決定的な要素は何かといえば、古代の宗教が民族全体のものであったのにたいし、キリスト教は個別的人間にかかわり、個人の贖罪《しょくざい》と霊魂の救済とに関係しているという点、すなわち私人的性格がそれだと考えたのである。

(ハ)　世界史の図式——この続稿には、宗教の問題について考えられていることではあるが、後年にまで影響する大胆な世界史的図式が描かれている。すなわち、世界史の第一期は、ギリシア・ローマのポリスの時代であり、宗教的には構想力の宗教の時代、政治的には共和国の時代である。第二期は、神聖ローマ・ドイツ帝国の時代であり、宗教的にはキリスト教という律法的宗教の時代、政治的には君主政治の時代である。そして、第三期（一七九六年）は、フランス革命を通じて世界史が新しい時代に入ろうとしている時期であるとみている。ヘーゲルのこの三段階方式の図式は、ルソーが『社会契約論』第三編において、古代民主制を「自由」から「自由の喪失」へ、そしてそこから「自由の回復」へという三段階の発展方式において、弁証法的に理解した方法の影響をうけているものと考えられる。

煩悶・帰郷

シェリングは、一七九六年六月二〇日、ヘーゲルにあてた手紙のなかで、「君のいまの状態は、君の実力と主張とにふさわしくない」ということばをおくって、無気力の状態におちいっているヘーゲルをはげましている。当時のヘーゲルは、自分の考えをしかときめかねて迷っており、まったく元気なく沈みこんでいたようである。ヘーゲルのこの無気力は、外的な事情によるというよりも、むしろ内的な事情（思想的な行きづまりからくる煩悶）によるものであったといわれている。

現実にたいしてきわめて誠実であり、昨日よりは今日、今日よりは明日に生きようとして、努力をおこたらず、つねに現実の問題と真剣にとりくんで、思索しつづけていた若いヘーゲル——、「人間は、努力しているうちは迷うものだ」とゲーテはいうが（「ファウスト」）、まことに、思索に精進するものの歩む道はきびしく、孤独で苦悩の多いものである。ヘーゲルのこの思想的な行きづまりについては、あとで検討することとして、ヘーゲルの身辺上の動静について、さきに、みておこう。

ヘーゲルは、シェリングの手紙をうけてからしばらくたった七月の末、憂うつな気持を吹きとばすかのように、壮大なアルプスにのぼっている。「心が小さくなったとき、ぼくはいつも、山にのぼるんだ……」という詩を、わたしは少年の日に読んだ記憶があるが、ヘーゲルのアルプス行きは、かれの生涯にとって、忘れることのできないスイス生活の思い出の一つになるものであった。

また、八月には、――ちょうどアルプス旅行からベルンのチュックに帰ったとき――かれは、久しく文通の絶えていたヘルダーリンから、なつかしい便りをうけとっている。それには、フランクフルト－アム－マインに家庭教師の口があるが、受けてはどうかと書いてあった。当時のヘルダーリンは、この年の一月から、フランクフルトの有名な豪商ゴンタルト家の家庭教師をしていた。ドイツに帰って、ふたたび、なつかしい友と会うようになれることを喜んだヘーゲルは、この招きに、ただちに同意した。そして、日付けもくわしく書いていないつぎのような返事（一七九六年秋、ベルン近郊チュック）をだしている。

「愛するヘルダーリン！　とうとう、また君の消息をきけて嬉《うれ》しい。君の手紙の一行一行が、かわらぬ君の友情を語っている。どんなに嬉しかったか、それに、近いうちに君と会えて君を抱くという希望はどんなに嬉しいか、とてもことばではいいあらわせない。

いつまでもこの楽しい想いにふけっていたいのを止めて、さっそく要件にはいろう。ぼくがその仕事につくのを望むのが君だということだけで、この環境がぼくにとってまったく有利なことを保証している。だから、ぼくはためらうことなく、君の招きに応ずる。手もとにあった別の口はやめた。優秀な家庭にぼくははいるよ。望みたいことは、未来のぼくの生徒の教育にたいするぼくの熱意がよい成果をおさめるように。生徒の頭脳をことばと概念でみたすことは、なるほど、普通にできることだが、もう一歩本質的な性格の構成という点には、両親の精神が家庭教師の努力と調和していなければ、ほとんど影響をおよぼしがたい。……

すぐ立てないことは残念だが、年末までは、いまいる家から出られない事情にある。したがって、フランクフルト着は、どうしても一月半ば以後になる。……」(『ヘーゲル書簡集』小島貞介訳　河出書房。部分訂正は著者)。

ヘーゲルは、年末までシュタイガー家にとどまらなかった。かれは、この年の秋(十月)、ベルンをはなれて、故郷のシュツットガルトに帰っていった。そして、翌九七年一月半ば以後、フランクフルトへ向かうのである。

そのむかし　わたしをはぐくんでくれたなつかしいネッカーの岸辺よ
わたしのこの悩みを癒《いや》してくれるか
わたしの少年の日の森よ山よ　わたしが帰っていったなら
心のやすらいを　いまひとたびわたしに約束してくれるか

ヘーゲルは、このようなおもいをこめて、母の眠るなつかしいふるさとに帰っていったと思われる。しかし、故郷に帰ってからも、ヘーゲルの煩悶は、いぜんとして続いていたようである。兄おもいの妹クリスティアーネのことばによると、かつて快活だったかれが、はなはだしく内省的となり、ほとんど悄然《しょうぜん》としていたとのことである。

研究上の悩み（自己矛盾）

さて、ベルン時代のヘーゲルは、宗教についての研究を進めて、フィヒテ的に解されたカントの実践理性、すなわち、「自我と非我」「道徳と幸福」などの対立を包みこむ絶対自我の絶対自由の立場をとった。その結果、真実の宗教は理性宗教・道徳的宗教ということになり、また、かれ年来の課題である国民の自由を回復するためには、非理性的な律法的宗教を打破して、ギリシア宗教をモデルとした民族宗教＝理性宗教をうちたてなければならないという考えをもつにいたった。

しかし、理性宗教の立場から、イエス像を描き、また、宗教、なかでもキリスト教の律法性の成立過程を、宗教史的・社会史的に研究するにつれて、理性宗教の立場では、どうしても解決できない問題につきあたらないわけにはいかなかった。

「人間の理性は、いかなるときにも、自己自身のよりどころとしての絶対的なもの・自律的なものを追い求めるとともに、その絶対的なもの・自律的なものを放棄することはできない。」――カントの功績は、この絶対的なもの・自律的なものを人間のなかに認めたことである（個人→自己立法的な理性をもつ普遍的個人として自由なる主体）。がしかし、その欠点（限界）は、このような絶対的・自律的なものをもっぱら――特殊的なものに対立する意味において――一般的なもの・普遍的なもののなかにのみ認めた点にある（超歴史的・非歴史的な理性）。このカント的な立場を脱して、独自の理性観（弁証法的な理性）を確立するところに、ヘーゲル哲学の体系化がはじまるのであるが、ベルン時代のヘーゲルは、むしろ、逆に、カント的立場に引きずられていたといえる。

ところで、ヘーゲルは、ベルン時代の研究をとおして、律法性の本性が「超越的客体性」にあるということを見いだした。ユダヤ教にせよ、イエスの説いた宗教にせよ、キリスト教にせよ、つまるところ、超越的な神（または超越的な人格）への信仰ということに帰着する。そこでは、「神は絶対の主（または父）であり」「人間は奴（または罪の子）として奉仕するもの」であった。そして、神は人間の力や意志をこえた外在的・客体的なものとして現われている。ヘーゲルによれば、この外在的・客体的なものを否定し、打破することなくしては、主体的な自由の宗教としての理性宗教＝民族宗教の実現は不可能なのであった。しかし、ここに問題がある。

わたしたちは、ここで、つぎのことを考えてみなければならない。

人間は、本来的に共同体（家族・社会・民族・あるいは国家など）において存在する。共同体は個人から成り立っているが、個人をこえた独自の存在であり、普遍者である。したがって、共同体には、個人をこえた意志や精神（民族の精神など）が、客体的に成り立つことができる。そして、共同体は、この客体的な意志や精神をもつことをとおして、個人をこえた普遍者であることを維持している。

それと同じように、人間によって信仰される神の意志（神意）や精神というものも、考えてみれば、共同意志に裏づけられて成り立っているものであるにすぎない。したがって、神が客体的なものとして表象されるのも、共同意志が個人をこえたものであるからである。――そこで、神の超越的客体性（＝律法性）をまったく否認することは、また、共同体としての普遍者の独自の存在性をも否定することになるのではないか

――。

ところで、ベルン時代のヘーゲルは、この普遍者（国家や教団や神）が、個別者（個人）をこえて客体的なものとして独自に存在するものであるということを、原理的に十分自覚していなかった。それは、かれが、「理性と自由」を偏重し、個人主義・自由主義・共和主義・国家（社会）契約説の立場に立って、「個人的主体性」を中心に、宗教や社会にかんする問題をみていたからである。

社会契約説の立場から、国家を市民社会と同一視していたかれによれば（ヘーゲルは、最初、教会にかんしても、これを「契約社会」とみていた）、国家の使命すなわち義務は、市民（国民）の生命・財産を安全に保護することであり、国家の目的は、個人と個人との関係における権利・義務を規制する適法性の維持にあるとみなしていた。本来、国家は市民社会のほかに、共同体としての家族をも含むものであるから、市民社会を支える適法性の原理のほかに、共同体としての家族を支える道徳性の原理をも統一づけるものでなければならない（後年のヘーゲルの立場）。

後年ヘーゲルは、『法の哲学』の「二五八節」において、国家＝市民社会という見方について、つぎのように述べている。

「国家が市民社会と取りちがえられ、国家の使命が所有と人格的自由との安全と保護にあるときめられるならば、個々人としての個々人の利益が、かれらの合一の究極目的であるということになり、このことからまた、国家の成員であることはなにか随意のことであるという結論がでてくる。」（ヘーゲル『法の哲学』

藤野渉・赤沢正敏訳　中央公論社）

すなわち、かれはここで、ルソー的な社会契約説を批判しているのであるが、契約説の立場では、究極において国家というものは成立しないということを述べているのである。しかし、ここで批判されているルソー的立場こそ、ベルン時代のヘーゲル自身のものであったのである。

したがって、ベルン時代のヘーゲルの社会観および宗教観を徹底させていくならば、国家も教会も、さらに神も存在しなくなり、実在するものは自己立法的な個人のみであるということになる。それでは、民族宗教の問題はどうなるのだろうか。

ルソー

だいたい、ヘーゲルにとって、民族宗教＝理性宗教のモデルとされていたギリシア宗教自身が、すでに、国民の心情と構想力に訴えかける宗教であり、伝統的な神話や儀式や祭事（偶然的・恣意的なものとしての律法性）によって規制されるものであったから、いかに自由な宗教であるとはいえ、もともと、理性宗教といいきれるものではなかったのである。——そこで、いずれの宗教も律法的であるほかはなく、そうでなければ宗教は存在することができないのではなかろうか。そして、もし、宗教＝律法性を肯定するならば、宗教および律法性の歴史的な変化・発展の問題が、つぎには、生じてくるであろう。

さて、フィヒテ的・カント的な立場に立って、民族宗教＝理性宗教ということを考えること自体に、すでに無理があり、矛盾があるのではなかったのか。こうして、ヘーゲルは、フィヒテやカントの哲学の限界を感じだしていく――。したがって、ベルン時代のヘーゲルの研究は、個々の側面では（とくに、その市民社会の分析は、――経済については不十分であったが――後年の『法の哲学』に大きな影響をあたえている）、まことに力強く詳細に展開されているにもかかわらず、全体としては、矛盾にぶつかり、結果的には、分裂の苦しみのなかにおちいってしまった。

かれは、以上述べたような問題についての悩みをかかえたまま、フランクフルトへ移っていくのである。

エロイジス

ヘルダーリンの友情によって、フランクフルトに行くことを決めたヘーゲルは、ヘルダーリンへの返事のつぎに、『エロイジス[1]、ヘルダーリンに』と名づけられる「詩」を、フランクフルトの親友（詩人）のもとに送っている。この詩は、大学時代以来、「理性と自由」「ヘン‐カイ‐パン（一にして全）」の合言葉で結ばれてきたお互いの友情をあたためるものであるが、フランクフルトに向かう前のヘーゲルの心境（汎神論的傾向）を、ギリシアのエロイジスの秘儀に託してうたっていると考えら

1) アッチカのエロイジス（エレウシス）の町で毎年行なわれた密儀（秘密の教義と儀式をもつある種の宗教）。信者たちは祓《はら》いをうけたのち、ほかの人をいれない会堂（テレステーリオン）で、デメテル（豊穣の女神で農耕の守護神）とその娘コレ（ペルセポネともいう。冥府の支配者ハイデスの妻、一年の半分は母のもと、他の半分は冥府に住む）とを祭るある種の所作ごとの演ぜられるのをみて、祭司からその秘儀を教えられ、この世における慰めと死後における魂の救いの確信を与えられる。

れるので、あえて、その意味をつかむ目的で、おもなところを訳出してみた。

エロイジス　ヘルダーリンに　一七九六、八月

わたしの周囲《まわり》にも　わたしの中にも　静けさが宿っている
働く人びとは　疲れる気づかいなく眠っている
かれらは　わたしに自由と余暇《ひま》とをあたえた
ありがとう　おゝ夜よ　あなたはわたしの解放者

愛する君よ　君の姿が　わたしの前にあらわれてくる
すぎ去った日々の悦《よろこ》び　だが　それはまもなく退き
再会の甘い希望に移る
はやくも　わたしの眼にうかぶのは
久しくあこがれた　火のようなあい抱く情景《すがた》
あのとき以来　なにか友の態度　表情　心情に
変わったところがないかと
たがいに　ひめやかにうかがう情景

このエロイジスという詩は、ノイエンブルゲル湖と、ビーレル湖との間で書いたものといわれている。始めのことばは、夜の静けさのなかで、あのファウストが復活祭の散歩からその書斎にかえってきたときの心持ちに似たものをあらわしている。第二にあげたことばは、手紙と相関しており、ヘルダーリンの境遇・性格・大学卒業後の遍歴（すでに三度居所をかえている）をきづかったもの。

つぎに、かれは、大学時代にあの神学院の生活のなかで、心と行動で誓いあった新しい時代の「理性と自由」に生きよう、という契《ちぎ》りを、友にたしかめている。そして、これには、この詩作とほとんど同じころに書かれた律法性批判の論文に現われた傾向が含まれている。

宣誓によって確約されなかった盟約《ちかい》への確信
ただ自由な真理のみを生き
意見と感情を束縛するいかなる制度《おきて》とも
和を結ばないとするもの
より堅く　より成熟した
この古い盟約への信義を
見い出すことの喜悦《よろこび》

つぎのことばは、「ヘン・カイ・パン」が、ギリシア自然宗教の神に姿をかりてあらわれてくる。エロイジスの秘儀の神話と礼拝が、この孤独な思索者のファンタジーにあらわれる。

わたしの眼は涯《はて》しない天空を仰ぎ見る
あなたのもとに　おゝ　輝く夜の星よ
あなたの永遠から
すべての願い　すべての望みが
忘れられつつ　流れてくる
わたしの意識は　直観のなかに消えゆき
わたしの「わたし（我）」と呼ぶものは消え失せる
わたしは　計り知れないもののなかに　わが身をまかせる
わたしはその中にあり　すべてであり
ただ　すべてである
無限なものは　わたしに帰った思想には　縁遠いものであり
わたしの思想は　無限なものに面して恐れ　たじろぎ

この直観の深さをとらえることができない
構想力《ファンタジー》が　永遠を心に近づけ
永遠を　形象とめあわせる

この節とつぎにあげる節とがエロイジスという詩のもっとも大事なところではないであろうか。エロイジスという詩の意味するところは、「ヘン―カイ―パン」というものは、とらえにくく、究明し難く、沈黙して観想《テオーリア》しなければならないものであるということ、ただ、行動《プラクシス》によってのみ表現されるもの、それはエロイジスの秘儀においてのように、永遠の力が構想力の助けによって形象化されるものであることを、意味深く説いているのである。このエロイジスの秘儀にあらわれた無限の自然の神的な姿と、キリスト教の律法性との間には、なんというちがいがあることか。
　また、ギリシア人にとっては、無限なものは、理想的な、道徳的な国家の秩序にあらわれるもので、ことばにあらわれるものではないのである。このエロイジスという詩はつぎのことばでおわっている。

だからあなたは　かれらのことばに　生きることなく
かれらの生が　あなたをあがめ
かれらの行動のうちに　あなたは生きる

今宵もまた
聖《きよ》い女神よ
わたしは　あなたを聞いた
あなたの子たちの生もまたしばしば
あなたを　わたしに啓示した
わたしは　しばしば　かれらの行動の魂として
あなたを感知する
あなたは　高い意味　真の信仰
すべてのものが滅ぶとも　ゆるぐことのない唯一の神

愛は無常なものなのか、親友ヘルダーリンの破局　一七九七年一月半ば、ヘーゲルは、フランクフルト－アム－マインの馬市の商人ゴーゲル家の家庭教師となるために、故郷を立っていった。家庭教師としてのヘーゲルとゴーゲル家との家庭的な関係や、かれの教えた子供のこと、またどんなふうに教えたかということなどについては、くわしいことはわかっていない。ただ、この地における四年間の滞在期間に、ヘーゲルのなしとげた研究や業績などからみて、ここでは、かれが割に愉快な日を送ったということ、そして、ベルンの貴族の家庭にいたときよりも余暇が多かったということなどを推察することができる。

ヘーゲルの心を許した友は、ヘルダーリンであった。ヘルダーリンは、当時、シラーの主宰する雑誌『タリーアー』に、『ヒュペリオン』という書簡体の小説の断編をつぎつぎと発表して、もっとも高揚した心の状態にあった(『ヒュペリオン』は一七九七年にその第一部が、一七九九年に第二部が出版されている)。ヘーゲルがフランクフルトに着いてまもない二月一七日、ヘルダーリンは友人のノイフェルにあてて手紙を出している。

「ヘーゲルとゆききできることは、わたしにとって、ひじょうにためになっている。わたしはおちついた理性的な人間が好きだ。自分と世界とをどう調和させるか、人がわからないでいるときに、こういう人は自分を正しくみちびいてくれるからだ。」

ヘルダーリンは、この地の銀行家ゴンタルト家で家庭教師をしていたが、かれの小説『ヒュペリオン』にでてくる「ディオティーマ」というヒロインの名を、この家のズゼッテ夫人にささげていた。ズゼッテの古典的なまれにみる美貌と教養、そして、詩にたいするせんさいな感受性に、この年若い詩人(古典ギリシアとプラトンの憧憬者《しょうけいしゃ》)の心は、すっかりうばわれていたのである。この当時のかれの友人に出した手紙をみれば、ヘルダーリンがいかにこの夫人に夢中であったかがわかる。夫人とかれとの親しみは、精神的な交情によって日ましに高められていった。この当時の心境をうたったヘルダーリンの詩を二つほどつぎに紹介しよう。

ディオティーマ

今や　われはおん身を見い出しつ
胸のおくに描きしよりも　美しきおん身を
愛の休息《やすらい》の時間《ひま》に——
けだかき者よ　善き者よ　おん身は来たりぬ
あわれ　空想のみじめさよ
永遠の和音のうちに
この唯一なる者を形成《つくりな》すは
ひとりおん身のみ　めでたくも完全《まった》き自然よ

地上のいかなる権力《ちから》も
神のいかなる暗示《さとし》も　われらを分かちえず
われら　一にして一切なる者となるところ
そこにこそ　わが本然の境地はあれ
われら　窮迫《くるしみ》と時代《ときよ》とを忘れ果て
わずかなる利得を

せわしき心もて　測らざるところ
そこにこそ　わが永遠の住処《すみか》はあるなれ

〔一七九六年フランクフルトでの作（吹田順助訳）〕

昔と今

若いときのその日その日には　私は朝がたのしく
夕べには泣いていた　だが年長《とした》けた今は
私の一日が疑惑で始まって
その日の終わりは　私には清くまた朗らかである

〔一七九七年フランクフルトでの作（小牧健夫訳）〕

しかし、この清潔な愛も、やがて、二人のあいだを嫉視したある女性の意地わるい策略によって破綻《はたん》することになる。かれはついに、一七九八年の九月のある晩、たえがたい侮辱を加えられて、永久にこの家を去ることとなった。それでも、かれと夫人との熱情的な関係と文通とは、その後も中絶されることはなかった。だが、かの女は、わずか四年後の一八〇二年に、はかなくもこの世を去ってしまった。

この突然の、そして無残な別離によって、ヘルダーリンのデリケートな神経は、癒《いや》すことのできないほど傷つけられてしまった。かれの心は、すでにこの世の人のものではなかったのである。その後、かれは転々と各地をさまよい歩いた。ホンブルグの友ジンクレールのところ、シュツットガルトのランダウエル家（家庭教師）、サン－ガレンの近くのハウプトヴィル、ボルドー、そして、一八〇二年六月には、暑い夏のさかりをヴァンデからパリまで、南フランスを徒歩で行き、同年七月、身も心もつかれはてて、あわれな姿となって故郷のニュルチンゲンの家に帰ってきた。このようすをみたシェリングは、友のあわれな姿を、ヘーゲルに手紙で知らせている。

故　郷

真心かわらぬおん身らよ　されどわれは知る　われは知る
わが愛の悩みは　たやすく癒《い》ゆることあらぬを
人間《ひと》のうたう慰《なぐさ》めの子守歌も
わが胸より悩みを　払《はら》うよしなし

われらに天の炎を　授くる神々は
聖《きよ》き　悩みをもまたおくりたもう
されば悩みはわれにとどまれよ　地上の子なるわれには

愛しまた悩むは　定業《さだめ》なれば

ヘルダーリン　（小牧健夫訳）

一八〇〇年夏　ホンブルグでの作

この薄幸な詩人は、その後なお、四〇年のあいだ、救いがたい憂うつを心にいだき、人間を恐れ、理性を失った望みのないやみ夜の生活を送らなければならなかった。かれは、一八〇六年の秋、大学生活を送ったチュービンゲンのある手工業者の家にたどりつく――。

そして、この家の保護のもとで生活し、一八四三年六月七日、悲しい一生をとじるのである。（クーノー＝フィッシャー『ヘーゲル伝』甘粕石介訳　参照）

ディオティーマをして死にいたらしめ、ヘルダーリンの心を狂わせたあのゴンタルト家の破局のあとは、フランクフルトは、ヘーゲルにとってもまた、楽しみのない場所となり、そこにいることがむしろ苦痛となった。ヘーゲルは、自分をめぐるこのような人生の体験を、人間存在の根本問題として深く追究し、この時代の論文集『キリスト教の精神とその運命』（ヘルマン＝ノールがヘーゲルの四つの論文を集録したもの）のなかで、「愛による運命との和解」および「イエスの運命」の思想として結晶させるのである。すなわち、「愛による和解」の思想は、苦悩におちいっていたベルンから招いてくれたヘルダーリンの友愛や、青春の日の自分の愛の経験などを背景としており、また、その愛によっても救われない「運命」という思想は、ヘルダーリンの悲劇を一つの動機としていると考えることができるのである（次節のヘーゲルの論文成立についての「対照表」参照）。

フランクフルト時代における研究テーマ

「宗教と歴史と政治」の三つは、ヘーゲルにとっては、相互に作用し、連関しあって、民族の精神を生み育てる主要な契機であったが、民族の精神もまた、これら三者を限定して、調和と統一のある国民（国家）生活を成り立たせる根拠となるものであった。「三にして一」「一にして三」が、これら四者の理想の関係であったといえよう。したがって、ヘーゲルは、大学時代以来、民族の精神を育成する宗教・歴史・政治にかんする問題の研究に専心した。が、このうち、歴史の研究だけは、独立したものとはなっておらず、宗教および政治の研究のなかで、それぞれ宗教史および政治（経済）史という形で進められてきた。研究上のこの態度は、歴史性にたいする自覚が深まるフランクフルト時代においても変わってはいない。

ヘーゲル

フランクフルト時代は、ヘーゲルが、ベルン時代のカント的・フィヒテ的な立場を脱し、実存的・思想的にも大きな転換を経験して、かれ独自の世界観の形成されるきわめて重要な時代である。そして、それだけにまた、かれの思想は深遠であり、研究するうえで

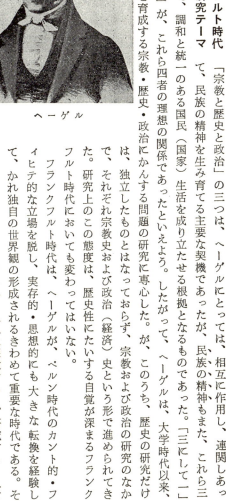

フランクフルト時代のヘーゲルの研究論文（断片・著書）対照表

（運　命）

1『ユダヤの精神』の諸予稿（五編、うち三編はベルン時代のもの）

(2)『道徳性・愛・宗教』

(3)『愛と宗教』

一七九七年七月二日～一一月一三日

（愛）

4『愛』

(7)カントの『道徳形而上学』研究

一七九八年八月一〇日から

（自　由）

(5)『カール親書訳』最初の公刊書、

一七九八年四月

(6)『ヴュルテンベルクの民会批判』

一七九八年八月、（公刊中止）

（愛）

⑧『ユダヤの精神』の最終稿

(9)『キリスト教の精神』の予稿

⑩『キリスト教の精神』

一七九八年秋～冬

⑪『イエスの運命』一七九八年冬

12『ドイツ憲法論第一序文』

一七九八年一二月～九九年一月

13 スチュアートの『国民経済学』研究

一七九九年二月一九日～五月一六日

（運　命）

⑭『教団の運命』

一七九九年夏

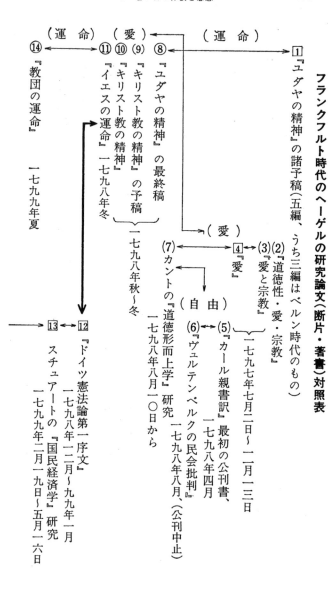

(16)←→[15]『一八〇〇年体系断片』一八〇〇年九月一四日脱稿

『キリスト教の律法性』の改稿　一八〇〇年九月二四日から

（権力と自由）

[17]『ドイツ憲法論第二序文』一八〇〇年

[18]『ドイツ憲法論』一八〇二年夏まで（公刊中止）

◎イエナ『相違』『人倫の体系』一八〇一年七月

（備考）

1. ○印の番号は『キリスト教の精神とその運命』の基本稿。
2. ↕印は論文の相関関係を示す。
3. □印の番号は重要と目されるもの。
4. 上段は主として「宗教」、下段は主として「政治」、中段は上段および下段に関係する研究諸断片。

興味深いものがあるのであるが、ベルン時代とちがって、この時代において研究した論文の成立時期について、日付けがついていないものが多く、成立の時期を読みとることが困難である。しかし、「宗教と政治」の相互不可分の関係と、かれの思想の発展過程をつかむためには、この問題をまず、明らかにしておかなければならないであろう。

宗教にかんするこの時代の主要作は、ヘルマン＝ノールが編集した『青年時代のヘーゲルの神学論集』のなかの一部になっている『キリスト教の精神とその運命』という断片集と、いわゆる一八〇〇年『体系断片』とであるが、前者については日付けがなく、後者については脱稿の日付けはあるが、論文の量が小部分しか保存されていないという難点がある。

さきにかかげた対照表[1]は、ノールやローゼンツヴァイク、およびわが国の金子武蔵博士らによって明らかにされた成立史的研究の成果をよりどころとして、作成してみたものである。この表を参考にしながら、以下、この時代におけるヘーゲルの思索のあとを考えてみよう。

1) 対照表における一連番号は、研究論文（断片・著書）の成立の順を現わしており、また、イエナ時代の論文『相違』は、『フィヒテとシェリングの哲学体系の相違』を略記したものである。なお、「愛による運命との和解」の思想は、対照表における(9)および⑩『キリスト教の精神』という論文において展開されている。

ヘーゲルは、この時代に、「イエス像」を二度描き直しているが、⑩『キリスト教の精神』においては「愛」の像として、また、⑪『イエスの運命』においては「運命」の像として、それぞれとりあつかっている。

ベルン時代の研究において、キリスト教の律法性の根源が、神の「客体性」にあることを見いだしたヘーゲルは、この客体性をローマ帝政期の時代精神（すなわち、国家と個人、および私人化した人間相互の関係の分離・分裂・対立ということ）のあらわれであるとみなし、このような精神は、ユダヤの精神にまったく似ているとした。そこで、かれは、フランクフルトに移ってからも、このユダヤの精神の研究をした。それが、対照表の番号でいえば[1]および⑧の論文『ユダヤの精神』である。

運命

ユダヤ人は、ユダヤ人の祖アブラハムやノアやニムロデなどに見られるように、自然および人間にたいして、きわめて不信感がつよく、相互に敵対的である。対立・分離・憎悪、これがユダヤの精神であり、魂《デーモン》である。互いに愛することができず、憎しみあうだけの人間のあいだに統一を成り立たせるためには、ただ支配か隷従かのいずれかだけであるから、支配欲もまた、かれらの魂《デーモン》である。かれらの神は、この支配欲をみたすためのものにほかならない。これをみたすために、かれらは絶対の威力をたて、これに隷従することによって他を隷従しようとするのである（排他的・偏狭的な選民思想）。この神は絶対の威力として、なんら人間的なものをもたない。だから、それは「無限の客体」である。かれらは、この無限の客体にかれら自身の主体性を放棄して、ただ受動的に奉仕し、服従するだけである。そこには、主人と奴隷の関係のように、神と人間との永久の対立・分離・憎悪があるだけである。

ところで、ヘーゲルは、すでにベルン時代において、カント的な道徳性の立場から、主体の絶対自由によって客体を支配し、打破しようとしたが、それが不可能であることを知った。そこで、かれは、ユダヤ的な主客の対立・分離・憎悪という運命を克服する道を、愛による和解という方向に求めなければならなかった。

愛

(2)『道徳性・愛・宗教』、(3)『愛と宗教』、④『愛』――(2)の論文(断片)においては、「無限の客体に服従すべし」とする律法的な客体的宗教をヘーゲルは拒否しようとしているとともに、実践理性にもとづく道徳性的・主体的宗教(「義」の実現を使命とする宗教)にたいしても、もはや満足していない。ここでは、かれは、客体性を承認しないわけにはいかなくなっているのである。そこで、主客体の対立を克服するものは愛であり、この愛が構想力によって形象化されたとき、そこに宗教が生まれるとされている。つまり、客体との統一または和解を、主体が愛によってなしとげることにおいて、自由を回復しようとしているのである(チュービンゲン時代の「愛」の想起)。

(3)の論文においては、「愛は宗教と一つである」とされ、まだ、愛と構想力の関係について展開されていないが、ユダヤ教における主客体の分離に和解を与えたキリスト教的な愛において真実の宗教の成立をみようとしている。

④の『愛』の断片は、一七九七年一一月一三日付けで、故郷のナッテ＝エンデルという少女にあてた手紙と同じころに書かれたものであるとされている(エンデルは、ヘーゲルの妹クリスティアーネの友人で、一七九六年末からヘーゲル家に寄宿していたが、親戚に近い筋にあった家の娘である)。

この断片は、愛によって運命との和解をなしとげようとしているヘーゲルが、まず、愛そのものについて思索したものであり、愛の本質的な規定とその動的な構造を追究している。この論文は五段からなる小論文であるが、フランクフルト時代におけるヘーゲルの姿勢を方向づける意義をもつものとして重要である。

はじめの二段では、さきにみた対立・分離・分裂・憎悪のユダヤ的宗教のもつ人間関係を分析し、そこには真実の愛が成立しないこと、および共同体の範囲が増大するにつれて、愛の状態はますます成立しにくくなることを述べている。

第三段では、愛は生命感情であることを明らかにし、愛の動的な構造一般を説こうとしている。真実の結合、本来の愛は、ただ力においてたがいに等しく、したがって、生きているもののあいだにのみ行なわれる。愛はいっさいの対立をしりぞける。このような愛は悟性（分別し、区別する知性）ではない。また、愛は実践理性ではない。愛は制限するものでも制限されるものでもない。愛は有限者ではないのである。愛は感情である。しかし、愛では、感ずるものと感じられるものとが分けられない。愛は生きているものの感情である。愛するものたちは生きているものとして一つである。愛による主客体の統一は感情であり、したがって、この統一じしんは主体的（主観的）なものである（これがやがて『イエスの運命』において問題となるものである）。

愛の構造は、ヘーゲルによれば、未展開（無意識）の合一から反省（分別）の分離を通じて、完成された合一へと円環的に還帰するということである。そして、この完成された合一は、完成された生命なのである。未展開の合一には、反省または分離の可能性が対立していたが、完成された合一においては、合一と分離とがさらに合一されているから、愛においてはあらゆる課題、すなわち、反省の自己破壊的な一面的および無意識的な未展開的な合一の無限の対立が解決されている。

このように愛が分離・対立を自己完成のために含んでいるということが、ヘーゲルに、「分離・対立において反発してくる運命に和らぎを与えることができる」と信じさせたわけである。けれども、愛の立場は主客の統一であっても、すでにみたように、その統一じしんが主体的（主観的）なものにすぎないことを注意しておかなければならない——「現実」のきびしさ、運命的な反発、愛の無常——。

ヘーゲルは、さらに第四段で、愛の構造をくわしく展開しようとしているが、そこでは、分離から合一への過程で恥らい（羞恥《しゅうち》）と相互贈与との現象がとりあげられ、統一の段階において子供の意義がとりあげられている。「羞恥は肉体が想起されることにより、または個人が現在することにより、個体性が感ぜられる際にだけ発生する」ものである。愛とは交互に与えかつ受けることである。愛をうけるものは、それによって他方よりも豊かになるのではない。うけるものは、もちろん、みずから豊かになるが、しかし、与えるものも、また同じように豊かになる。与えるものが貧しくなるのではなく、他に与えることによって、それだけ、おのれの財富を豊かにするのである。「シェークスピアのロメオにおけるジュリエットも、与えれば与えるほど、わたしはいっそう多くをもつ」といっている。

『愛』の断片は、ディルタイのいうように、「愛の讃歌」の調《しら》べをそなえている。ヘーゲルがこれを書いたのは、ヘルダーリンの影響があることはいうまでもないが、故郷のナッテ＝エンデルへの思慕の念があったことも注意されてよいであろう。

分離において到達された統一は、子供において実現する。「愛において愛を通じて、神性が働き創造したのである」。この合一されたものはただ一つの点である。子供は両親それじしんである。合一されたものはふたたび分離するが、子供のなかでは合一そのものが、分離されないものになっている。しかし、子供は成長とともに、分離にむかって進み、その成長の各段階は、分離の成長にほかならない。そうして、この分離がふたたび生命の合一をうる。このようにして、愛の構造は、未展開の合一から分離へ、分離から合一へ、そうして、また合一から分離へという展開をとることになる。

『愛』の断片の最後の段でヘーゲルは、愛の共同体における所有の問題をとりあげている。愛は生命的合一であるから、愛するものにとっては、すべて共同的でなくてはならない。ところで、共有物もそれが現実に使用され、費やされるときは分割しないわけにはいかない。だから、共有物にたいしても、しょせん、各人は別々の所有権をもつことになる。自分の最愛のものを財産の所有者とみなさなければならないものは、生活をともにしてゆく上で都合のわるい「かれ」あるいは「かの女」の特殊性を感じるにちがいない。この特殊性は、二人のうちのいずれか一方にのみ属して他方のものではなく、したがって、いつまでも二人の統一の外にとどまらなければならないような「死物」に、二人のいずれかが結びつけられているという事情にもとづくものである。――これらのことばは、ヘーゲル哲学の将来の発展に決定的な役割りを演ずることになった「疎外《そがい》」という考え方（それは律法性から発展したものだが）の最初の定式化をあらわしているといえる。

愛の構造・羞恥・子供・共有の問題などからわかるように、この『愛』の断片が、家族共同体にその基本的地盤をもつものであることは否定できない。ベルン時代には、市民社会観（とくに法的側面）が形成されたが、フランクフルト時代には、家族観の基礎ができている（晩年の『法の哲学』によれば、家族人倫は愛である）。

しかし、当時のヘーゲルは、この断片の「愛」が、じつは家族共同体においてのみ真に成立することのできるものであることをまだ十分に自覚しないで、「主客体の統一」であるという愛の本質規定と、「統一（合一）から分離へ、分離から統一へ」という一般構造とによって、宗教の問題全体を処理しようとしている（生―運命―愛）。この「愛」の研究が「愛による運命との和解」の思想に結晶していくのである。

「愛による運命との和解」　(9)および⑩『キリスト教の精神』――いまや、ヘーゲルは、「運命」および「愛」の研究をとおして、イエスの真精神を愛においてとらえなおそうとする。したがって、ここでは、カントやフィヒテの道徳性の立場からとらえていたベルン時代の「イエス像」を新らしく描き直さなければならなくなった。

もともと、ヘーゲルがユダヤ教に反対する理由は、ユダヤ教が人間を外的な法則によって束縛し、ヤーヴェという超越的な主人の命令に隷従させて、神から永久にひきはなし、分裂させたままにしておくことにあったが、しかし、この分裂という点では、カントにせよ、フィヒテにせよ、ユダヤ教に似たものがあるのではなかろうか。なぜなら、カントにおいては理性と感性（傾向性）とが、またフィヒテにおいては自我と非我とがどこまでも対立し、両者の統一は、ただ、当為（「なんじなすべし」）によって「要請」されるだけであって、その実現をみることができないからである。したがって、ユダヤの宗教とカントやフィヒテの道徳性とは、人間を法則（普遍性・律法性）に服従させる点においては同一であって、その違うところといえば、ただ法則（道徳法則を含む）が内にあるか外にあるかのちがいだけである。しかし、感性をもつことから免れることのできない人間にとっては、カントやフィヒテの法則といっても、やはり外的であり、客体的なものである。

こうして、ヘーゲルは、カントおよびフィヒテの立場から離れて、ユダヤ人を律法から解放しようとしたイエスの教えは、カントやフィヒテの道徳性であることはできないとする。ヘーゲルがイエスの愛としているものは、人間相互のあいだにおいて行為的に、主体と客体、普遍と特殊との統一を実現するものであるということである。ところで、愛は、すでにみたように、生命的合一の感情であるが、その構造は合一から分離へ、分離から合一へということであった。だから、生命の連関が断たれ、人間が全体的生命から分離することがある。が、この分離において、両者を普遍のもとに統一づけるものが法則というものにほかならない。そして、この外的な法則（法律や律法）への違反の行為が罪（犯罪）であり、これにたいして、外的な法則からくるものが罰（刑罰）である。犯罪は客体的・現実的なできごとであるから、たとえ刑罰の執行がなくとも犯罪者は良心の呵責《かしゃく》（罰）からのがれることはできない。では、人間は刑罰とどのようにして和解することができるであろうか。

ヘーゲルは、この問いにたいして、生命が合一から分離へ、分離から合一へという構造をもっていることを想いおこされなければならないとする。そして『マクベス』の例をあげて、これを説明している。すなわち、マクベスはバンコウを殺した。しかし、死んだはずのバンコウは、殺されたそのとき、すでに饗宴の席に、友としてではなく血みどろの姿で、ただマクベスにのみ見える亡霊として椅子についているのである。なぜか、殺すものは他人の生命にかかわっているように思っているが、しかし生命は生命から離れたものではない。だから、マクベスはバンコウの生命をというよりも、むしろ自分の生命を傷つけたのである。罪人のこの自己喪失・自己破壊の感情が運命の意識にほかならない。運命の意識とは、仇敵《きゅうてき》として出現してくるものの意識であるが、ここに意識されるものは、同時に自己自身にほかならないのである。運命はそれみずからの力によって、仇敵として反発してくるものであり、この反発からは、どうしても逃れることはできない。それにもかかわらず、この仇敵は同時に自己自身であるから、運命と和解することが可能である。運命は自分が合一していた全体的生命が、罪（全体的生命よりの分離）にたいしてなす反発であるとともに、罪にたいして放つエウメニデス（慈《いつく》しみの女神）である。すべては、この全体的生命の中に生き、それより分離するものはみずからの死をまねくから、運命は、罪人にとって外的なものではなく、内的なものであり、かれの胸に宿るものである。このように、運命は喪失したものを感じさせるので、喪失したものへの「あこがれ」がわきでてくる。このあこがれが愛の衝動にほかならない。愛とは、人生の根底深く横たわっている全体的生命にはいりこんでいこうとするものである。こうして、自他の別はあっても、わたしたちはたがいにひとつの生命の樹の分枝であり、ただひとりの父親の共同の息子であることが感得されるが、これがすなわち、ディルタイ以来有名になった「愛による運命との和解」の思想である。罪（犯罪）にたいする罰（刑罰）という立場では、たとえ十分な償《つぐ》ないをして釈放されたとしても、誤りがあり罪があったという事実は永久に消えることはない。それにたいして、全体的生命は、肉眼にはみえないものとしての精神である。それゆえ、良心の呵責（負い目）は精神の傷である。精神の傷は、愛の和らぎによってあとかたもなく縫いあわされることができる。（ギリシア悲劇の運命観とキリスト教の愛との統一）

ディルタイ

ふたたび「運命」へ

この時代のヘーゲルの思索における第一の中心概念は「運命」であり、第二の中心概念は「愛」である。そして、「運命から愛へ」が、前節までの問題であった。しかし、本節では、愛によっても和解できなかったイエスの死（運命）を契機として、ヘーゲルの思想に転換がおこり、「愛から運命へ」ということが、あらたな問題になってくる。⑪『イエスの運命』および⑭『教団の運命』という論文はその問題をとり扱ったものである。

さて、ヘーゲルは、『イエスの運命』の研究をとおして、愛は対立を克服し、運命との和らぎをえさせ、離反したものをふたたび「息子」として共同体のうちに和解させるとしても、愛の共同体は、つまるところ、主体（主観）的・心情的に成立するだけのものであるから、この共同体は現実の共同体としての国家（政治）の反発を免れることのできないものであるということ。そして、愛の共同体の成員は、「美しい魂」（いっさいの利を求めることなく、また、争うことのない自由な魂、しかし、この持ち主の運命は、イエスのように、不幸である）の所有者であるにすぎないということを見いだした。

かくして、ヘーゲルは、イエスの十字架における刑死には、無限の悲哀を感じながらも、これを肯定するにいたるのである。かれの思索は、さきには、運命から愛へであったが、ここでは、愛からふたたびイエスを死に追いやった運命の問題へとむかう。そして、この運命は、もはや、愛によっては和解のえられない運命なのである。この運命が、この時代のヘーゲルの思索における第三の中心概念である。

しかしながら、この運命において、ヘーゲルは、はじめて普遍（国家や教団など）が個別（個人）から独立する客体的な存在であるということを認めるにいたるのである。

また、かれは『教団の運命』の研究をとおして、宗教は愛とただちに一つではなく、「教団」（共同体）において生き生きと感じられている愛が、構想力によって客体化（形象化、「エロイジス」における汎神論）されてはじめて成立するものであるということ。そして、もともと、宗教は主客体の合一において成立するものではあっても、それぞれの時代、それぞれの社会において特殊化された客体的なもの、すなわち、律法的なものをそなえないわけにはいかないということを理解するようになった。すなわち、かつて、宗教の律法性を否認し、打破しようとしてたたかったヘーゲルが、ここにおいて、かえって、律法性の意味を理解し、肯定することになるのである。

なお、「形象化された愛」の宗教は、歴史的には、キリスト教であるから、かれは、ここではじめて、キリスト教を把握することができたのである。それは教団の成員のうちにはたらいていた愛が、イエスをめぐって、構想力により客体化されたものであるから、律法的なものであるとはいえ、構想力の宗教であるギリシア宗教とはもはや反対のものではない。キリスト教が形象化された愛をもつとおなじように、ギリシア宗教もまた、たとえば、ヘラクレスにおいて形象化された「勇気」をもっているのであるから、ギリシア宗教もまた律法的である。

このようにして、ヘーゲルは、ベルン時代だけでなく、フランクフルト時代の初期（一七九八年夏まで）においても、底知れない憎悪をもってたいしていたユダヤ教や、ひろく律法的宗教を、いちずに拒否すべきものではなく、それぞれみな、人間性（人間的自然）の歴史的な特殊化として成立したものであるということを、理解することができるようになった。

この『イエスの運命』および『教団の運命』における「運命観」は、ヘーゲル自身の実存的な背景からいえば、一面には、一七九八年九月のある晩における親友ヘルダーリンの悲劇的な運命と関連しており、他面には、当時、祖国を舞台にして展開されていた対仏戦争の体験ともつながっている。なお、例のナッテ＝エンデルとのあいだは、一七九八年五月二五日のヘーゲルの手紙をもって別離している。したがって、とくに、『イエスの運命』という論文は、ヘーゲルの論文成立にかんする「対照表」においてみられるように、かれを、宗教研究から政治研究へと転換させる契機となったものである。ヘーゲルの宗教観・政治観（国家観）は、この時期を境に大きく転換していく――。

権力と自由

宗教についての以上のような思索は、ヘーゲルに、政治および歴史への理解を可能にした。すなわち、この時期（一七九八年秋）を境にして、ヘーゲルは、国家というものは、もはや、愛というような主体的（主観的）な感情によって和解することのできないそれ自身の存在性をもっているものであって、個人を拘束・威圧し、それからの離反を許さない「権力」という律法性をもった「運命的存在」である、と受けとっていくのである。具体的にいえば、かれは、もはやかつての共和主義者ではなく、この時点をもって、君主制を肯定する方向をとるのである。

したがって、かれは、『イエスの運命』という論文を書いてまもなく、『ドイツ憲法論第一序文』の執筆にはいっている。しかし自分の国家学（とくに経済学）にたいする知識の乏しさを知り、ただちにスチュアートの『国民経済学』の研究に着手した。『ドイツ憲法論』は、対仏戦争にさいしてのドイツの敗北を歎《なげ》き、ドイツ帝国の再建に寄与しようとする意図のもとに書かれたものであり、かれは、この研究に三ヵ年半（一七九八年一二月から一八〇二年夏まで）をかけて、身をけずるような努力をささげている。三ヵ年半のうち二ヵ年間がフランクフルトで、残りがイエナに移ってからである。

『教団の運命』において、かれが宗教の律法性を、人間の歴史における必然的なものとして肯定するようになったことは、宗教の歴史性を認めたことを意味するから、かれは、ひきつづいて、(16)『キリスト教の律法性』の改稿(序文)を企てており、キリスト教を真に歴史的に見なおそうとしている。そしてこの論文に対応して、また、かれの政治観が一歩前進し、[17]『ドイツ憲法論第二序文』を執筆するにいたった。公刊中止をしたものの、イエナにおいてまとめあげた、[18]『ドイツ憲法論』の基本的な立場は、[17]の論文において決定されていたのである。

こうして、ベルン時代に、一時、分裂におちいっていた宗教と歴史と政治という民族精神の三つの契機の連関は、フランクフルトにおいて回復するにいたった。したがって、律法性の改稿に着手(一八〇〇年九月二四日から)する一〇日前に、ヘーゲルは、自分の思想の体系化を、一応、完了することができたのである(九月一四日脱稿)。それが、[15]『一八〇〇年体系断片』と称されている論文である。

ここにおいて、ながいあいだの遍歴と思索の苦しみを体験したヘーゲルは、いよいよ哲学者として出発し、自分の努力の結晶を世に問おうと決意するのである。時に、かれは三〇歳になっていた。ヘーゲルは、東洋流にいうならば、まさに、三〇歳にして成熟をとげ、立ちあがるのである。(信太正三訳『キリスト教の精神とその運命』、金子武蔵『ヘーゲルの国家観』参照)

わたしは、ここで、つぎのことばを、若い日のヘーゲルとともに、みなさんにおくりたいと思う。それは、フランスの詩人・小説家で、シュールレアリズムの創始者の一人であり、レジスタンス運動の英雄的な作家、ルイ＝アラゴン（一八九七〜）のことばに、わたしが「謙虚」と「愛」ということばをつけ加えたものである。

学ぶとは　誠実と謙虚を胸にきざむこと
教えるとは　ともに愛と希望を語ること

Ⅱ　哲学者としての道

——苦悩と栄光——

イエナでのヘーゲル

——ナポレオンと不朽の名著——

イエナ大学へ　ヘーゲルは、ヘルダーリンの不幸があってから幾月もたっていない一七九九年一月一四日の夜、君公に仕える実直勤勉な財務官であった父を失った。妹の書いているところによると、父は平和に静かに亡くなっていった。のちに遺産が整理され、三人の子供に分配された。ヘーゲルはその遺産の分配で、妹よりも少なくなるように配慮したといわれている。ヘーゲルは、学問上の準備ができたことと、遺産によって多少の経済的な余裕ができたことから、学者として立とうと心を決めた。

一八〇一年一月、ヘーゲルは、ついに、当時のドイツ哲学の中心地であるイエナに、フランクフルトから移り住んだ。この地のイエナ大学では、年下の友シェリングが、無神論論争によって大学を去ったフィヒテの後任として、すでに教授の地位についていた。そのころ、イエナには、若い日にゲーテとともにシュトゥルム-ウント-ドランク（疾風怒濤）の文学運動に身を投じたドイツ古典派の一人であるシラー、ドイツ-ローマン派文学のために健闘していたシュレーゲル兄弟らがおり、哲学者のシェリングをも含めて、それぞれに活躍していた。

この年、三一歳で、ヘーゲルはイエナ大学の冬学期から、私講師として教壇に立ったのである。講義は「論理学」と「形而上学」および「哲学入門」を受けもち、シェリングと共同で哲学演習の指導も行なった。

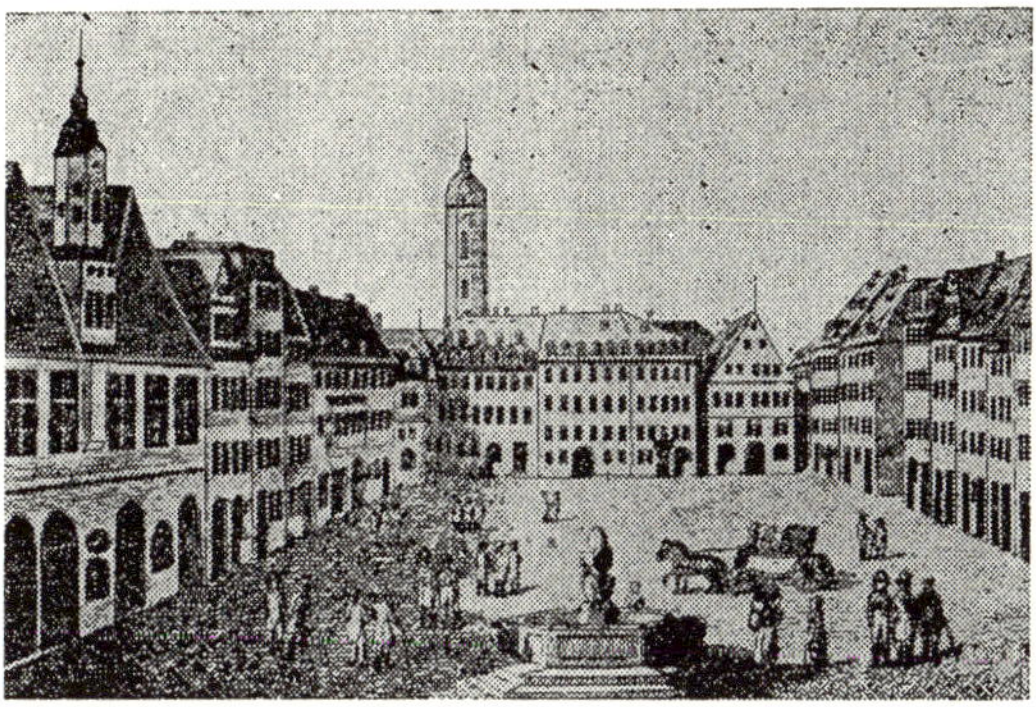

イエナの町

イエナ滞在一年目の著作活動は、七月に、『フィヒテとシェリングの哲学体系の相違』を公にして、シェリングの同一哲学の立場（汎神論的傾向にたつ）からフィヒテを批判した。また八月には、『惑星の軌道について』というラテン語の論文を発表し、この論文によって大学講師の資格を得たと言われている。ヘーゲル哲学の根本が、国家とか歴史とかの社会現象をとらえての思索であることを考えると、天文学に類する自然現象と取り組んだこの論文は、珍しいものといえるわけである。かれはこの論文で〝火星と木星との間には惑星は存在しない〟との結論を下したのだが、後年この誤った論文のため、〝ヘーゲルが自然科学に対しては弱点をもっているようだ〟といわれている。ちなみにいうなら、実はこの一八〇一年一月にイタリアで、火星と木星間に小惑星ケレスが発見されていた。

翌年には、シェリングと共同で、『哲学批判雑誌』を刊行した。この雑誌にヘーゲルはつぎつぎと論文を発表して（『序論、哲学的批判一般の本質』、『常識は哲学をどう考えるか』、『懐疑論と哲学との関係』、『信と知』、『自然法の学問的取り扱い方について』）着々と学者としての地歩を固めていった。やがて一八〇五年には、ゲーテの推挙で員外教授（助教授）に昇進し、冬学期にはじめて「哲学史」を講義するなど、ドイツ哲学界におけるヘーゲルの地位もしだいにゆるぎないものになっていったのである。

無意識か故意か

ヘーゲルが『フィヒテとシェリングの哲学体系の相違』を書いたころ、ヘーゲルは、自分ではシェリングと同一の立場をとっているとおもっていたようである。しかし、実は、すでにフランクフルト時代にヘーゲルが抱きはじめていた〝絶対者（あるいは神）というものがその本質をしだいに実現していく〟という思想、言い換えれば、有限者の変化を通じて絶対者（普遍者）は自己を実現してゆくのであり、絶対者は有限者を離れては存しえないし、有限者は絶対者の本質的な契機となるものであるというかれの思想からみて、ヘーゲルが、やがてシェリングと袂《たもと》をわかつ時がくるであろうことは、想像にかたくないのである。『哲学批判雑誌』に載せた論文には筆者名をつけず、シェリングとヘーゲルの共同執筆の形をとっていたが、実情はヘーゲルの一人舞台であったのである。

シェリングの思想は、いぜんとして、絶対者はすべての有限者の根底に存するもので、絶対者は有限者が変化していっても、その変化の根底に常に変化せずに存しており、絶対者は有限者の変化に関係なく常に自己同一的にとどまっているという同一哲学の立場をとりつづけていた。

であった。

この両者の決定的な対立は、ヘーゲルが一八〇七年に刊行した『精神現象学』によってであった。ヘーゲルの第一の主著と目されているこの書の序論の中で、かれは、スピノザ、カント、フィヒテへの非難と同時に、シェリングに対しても痛烈な攻撃をあびせたのである。

二人の決別

これより先、シェリングは、ヴィルヘルム＝シュレーゲル（シュレーゲル兄弟の兄にあたる）の夫人カロリーネ（後にシェリング夫人となる）との恋愛問題もあって、一八〇三年にヴュルツブルクに去っていた。が、『精神現象学』の出た七年ごろは、ミュンヘンに移っていた。ヘーゲルは一月初頭、ミュンヘンのシェリングあてに書簡を出し、「やがて、自分の思想と方法が一冊の本になって誕生するが、君が認めてくれれば嬉しい。」と書き送っている。前年の二月から印刷にかかっていた『精神現象学』は、いよいよこの年四月に公刊され、間もなくシェリングのもとにも本が送り届けられたのである。シェリングは送られた本の序論しか読まなかったと言われているが、その時のシェリングの驚きと失望がどんなものであったかは、わたくしたちに計り知れないものがある。序論には、シェリングの絶対者観は、すべての牛が黒くなる闇夜のごときものであるとか、シェリングの知的直観は、ピストルから発射されるように、直接に絶対知からはじめようとするものだ、などというはげしいことばが連ねてあった。

かつてネッカー河畔ではぐくまれた友情、長く不遇をかこっていたヘーゲルが、イエナ大学で教鞭をとるためのよき助言者、学問上の先輩でもあったシェリング、そしてヘーゲルが、哲学的思索の変遷をたどる過程においても、大きな役割りを果たしたシェリングとの決別の時を、このような形で示されたシェリング自身は、苦汁を呑んだ思いであったろう。半年ほど後に、ヘーゲルの批判に対して不満の意をあらわした手紙をしたため、これを機に二人の長い友情に終止符が打たれてしまったのである。

当時のヘーゲルは、学界に大きく羽搏《はばた》く寸前であり、自己の学説や思想体系にも確信と自信のもてた時でもあったので、この友情が絶ち切られたことなど、さほどの苦痛ではなかったようである。ヘーゲルはやはり一面鈍重な、かつて老人とあだ名されたように、他の意をあまり介さないところのある人だったのかもしれない。

チュービンゲン・イエナ以来の友であったヘーゲルとシェリングは、その後、なお二回ほど会うことになる。一度は一八一二年一〇月ニュルンベルクにおいて、もう一度は一八二九年九月三日カールスバートの湯治場においてである。（クーノー＝フィッシャー『ヘーゲル伝』甘粕石介訳　参照）。

『精神現象学』（I）

ヘーゲルはこの書の出版にかんして、バンベルクの書店と早くから契約を結んでいたが、なかなか稿がはかどらず、書店との間に金銭上のことでトラブルをおこしていた。結局、このゆきちがいは、ヘーゲルのために終生よき友となったニートハンマー[1]が、仲介の労をとり、ことなきを得、ヘーゲルも、一八〇六年一〇月一八日という日を日限と定めて、原稿の完成を急いだ。いくばく

1) ニートハンマーはヘーゲルと同郷の四歳年長の先輩で最後までかわらぬ交わりを続けた人物である。ヘーゲルはかれに金銭的援助をもしばしばうけている。かれは一八〇五年地方行政顧問官として官職についた。かれの進歩的な教育改革案は、ニートハンマー案として史上に知られている。

かの稿料も、それ以前に、かれは書店から受け取ることができていた。ヘーゲルが原稿料に執心したのは、そのころ、経済的にかなり逼迫《ひっぱく》していた事情があった模様である。というのは、大学に職を奉じていながら、俸給を受け取ったのは、ただの一度ともいわれているし、もう一つには、ヘーゲルが寄宿していたブルクハルト家の夫人（夫に去られて一女を抱えていた）との間に、男子が出生する（一八〇七年二月五日）というできごとがあったことも考えられる。この男の子は、ルードヴィヒ＝ヘーゲル（一八〇七〜一八三一）と名づけられ、長くヘーゲルにとっては心の痛む存在となったようである。しかも、この夫人とは、その夫の死後、ヘーゲルと結婚するという最初の話とはくい違って、正式な結婚に至らなかったのである。

以上のような経済事情に加えて、約一〇年間、フランスと和平政策を結んでいたプロイセンは、当時バンベルクに駐留していたナポレオンに対して、一〇月七日、挑戦状をつきつけたため、両国の間に戦闘がひきおこされることになった。ナポレオンはすぐさま出動し、一三日には、イエナを占領していた。ヘーゲルは、一八日に書店へ渡すための最後の原稿を、街の広場に燃えているフランス軍のかがり火を眺めながら書き続け、脱稿したのである。翌日から戦闘の火蓋《ひぶた》が切られたので、この原稿は、戦争の混乱ですぐ発送できず、かれは身につけて難を避け、二〇日になってようやく書店に送ることができたのであった。

馬上の世界精神

フランス軍のイエナ占領の日、ニートハンマーあてにヘーゲルの書いた書簡によると、かれは敵国の皇帝ナポレオンに対して、讃辞を呈し、その心酔の感情を、はばかるとこ

イエナ戦争のさなかに『精神現象学』執筆中のヘーゲル

ろなく書きとめている。

「皇帝が——この世界の精神が——陣地偵察のために馬上ゆたかに街を出て行くところを見ました。このような個人をまのあたりに見ることは、じっに何ともいえない気持です。この個人こそ、この一地点に集結して馬上にまたがっていながら、しかも、世界を驚づかみにして、これを支配しています。……プロイセン軍の運命は、もちろん、はじめからこれぐらいのところであろうと予想されていましたが、しかし、……この進撃はこの超人にしてはじめて可能です。この人を驚歎しないということは不可能です。」(『ヘーゲル書簡集』小島貞介訳)。ナポレオン個人を世界精神の権化とみる、このことばの中に、ヘーゲルの国家に対する新しい期待がよみとれるのではないだろうか。かれは、国民の自由の実現される国家というものを、ナポレオンの支配下に夢みたのかもしれなかった。

内憂外患の中で出版の運びにいたった『精神現象学』は一口にいってまことに難解な書である。それはヘーゲルが、書けた部分を書店に送り届けるという方法をとったため、十分な推敲がなされていないためもあり、ヘーゲルじしんの思想の泉が、湧きいで吹きいでるままに、整然たる秩序を与えられることなく書きつがれたために、思想の宝庫となっていることにもよるのである。そして、これ以後のヘーゲルの著作には見られないような独自の魅力を持っており、日本のある哲学者は、芳醇な名酒の香りがあると評しているくらい、高く評価される論文なのである。

『精神現象学』(Ⅱ)

この『精神現象学』にたいして、ヘーゲルは、「意識の経験の学」と副題をつけているが、この副題の意味するものは、わたしたちの意識が、対象との相互交渉の関係としての経験によって、しだいに真理を把握してゆく過程を述べているということなのである。

感覚によってとらえられるような事物を、真の実在であると考えるもっとも素朴、卑近な段階から出発して、人間の意識はしだいに真理についての認識を深め、ついに絶対者の認識、すなわち、絶対知にいたるのである。ヘーゲルは、このような意識の展開過程を述べるに際し、認識論、心理学、自然学、歴史哲学、法哲学、倫理学、美学、宗教哲学など、さまざまの学問分野におよぶ思索の展開をみせている。これは、かれの思想の宝庫が、いかにゆたかであったかを如実に物語っている一面といえるであろう。

新聞の編集 バンベルク時代

ナポレオンの攻略でプロイセン軍が敗北した結果、イエナ大学は閉鎖されることになった。このため、ヘーゲルは七年間勤めた大学の職を失い、前にもまして生活は困窮の度を加えた。そこで、かれは、『精神現象学』の出版のとき、多くの労をとってくれた友人のニートハンマーにすがったのである。バンベルクにいたニートハンマーは、バンベルク新聞社の編集の仕事を、ヘーゲルに紹介してきた。この仕事は、ヘーゲルの考えに完全には一致しなかったが、きまった収入を確保するという必要性があったので、一八〇七年二月二〇日、「指示に応ずることを決心している。——私は、あなたじしんがご存知のように、世界的事件を追っているので、仕事自体は私の興味をひく。」そしてヘーゲルからは、「いま結びます契約は、その性質上、期限にかんしてはっきりしたことをなにもいえない。」(ホフマイスター編『ヘーゲル書簡集第一巻』所収)というただ一つの条件を出して、よろこんでバンベルクにゆき、新聞の編集を、この年の三月から一八〇八年の末までやることになった。

学者の道を歩んでいたヘーゲルが、不可抗力なできごとからとはいえ、一転して新聞人の世界にとびこんだということは、よっぽどのことであったと思われる。がしかし、若い日から、鋭い目をもって、現実の社会的・政治的な問題と対決し、そこからえたものを、自分の哲学思想のなかにとりいれて血肉化してきたヘーゲルとしては、人生のいかなる体験をも、けっして無にはしないであろう。

新聞を読むことが、ヘーゲルにとって、いつでも重要な意味をもっていたということを、かれはつぎのように語っている。「毎朝、新聞に目をとおすことは、一種の現実主義的な朝の祈りである。わたしたちは、世間にたいする態度をどうとるかを、神や世間の実態を手がかりとして決める。新聞に目をとおすと、神や世間の実態などによって得られる安心と同じ安心をうることができる。つまり、ある問題について、一般にはどう考えられているかということがわかるのである。」（ホフマイスター編『ヘーゲル発展の資料』所収、「イエナ時代の箴言」）

W＝R＝バイアーは、『現象学と論理学との間、バンベルク新聞編集者としてのヘーゲル』（一九五五年）のなかで、ヘーゲルがいつも抱いていた「雑誌を出したいという希望」を指摘し、なぜヘーゲルがそのような希望をもったかというと、ヘーゲルにとって重要であったのは、「実際に起こった出来事を、雑誌を使って理論に変えること」だったからであると言っている。そして、バンベルクの諸情勢と、バンベルク新聞編集者としてのヘーゲルの活動を語って、ヘーゲルの政治哲学と、ヘーゲルが抱いていた政治的な諸観念そのものとを理解するのによい資料を提供し、ジャーナリズムが、ヘーゲルに対してもっていた哲学的意味を強調している。社会現象のうつりかわりに関心をもっていた学者ヘーゲルにとって、編集という仕事は、興味のもてないものではなかったようであるが、占領下のドイツという事情は、新聞の検閲が行なわれており、思う存分に論説を書くことなどとてもできない状態であったようである。（ヨアヒム＝リッター『フランス革命とヘーゲル』出口純夫訳　参照）

わが道―四十にして惑《まど》わず

―ニュルンベルク時代―

ギムナジウムの校長

バンベルクで新聞の編集に携わっていたヘーゲルは、一八〇八年一一月、またも、当時ミュンヘンに移っていたニートハンマーの助力を受け、ニュルンベルクのエギディウス－ギムナジウムの校長の職を得ることになった。それ以後八年間、ヘーゲルはこのギムナジウムで、校長として哲学の教授にあたったのである。当時この地方のギムナジウムの校長は、名目上、哲学か宗教の講義を担当することになっていたからである。かれは、くわしくこまかい講義計画を立て、学問的にも、また教育者としても誠実な、みのり多い年月を過ごすことになるのであった。

この時代の大きなできごとは「結婚」と、『論理学』の完成であった。

結婚

八年間にわたるニュルンベルクの生活は、ヘーゲルのこれまでの生涯でもっとも安定した幸福と平和の一時期であった。それは四一歳になっていたヘーゲルが、はじめて一家を構えるためのよき伴侶に巡《めぐ》りあったからである。その女性は、ニュルンベルクの都市貴族であり、市長や参事会員をつとめたトゥヘルの長女マリーであった。七人兄弟の長女として、一七九一年三月一七日に生まれたかの女は、ちょうど二〇歳になっていた。婚約は一八一一年四月に行なわれたようである。同年四月一八日の手紙で、ニートハンマーは、まっ先に意外なことを知った。

「……もしあなたが〔現地位に〕お留まりになるとすれば、これまでの関係よりはもっと大学関係の方の仕事をなさるよしですね。そのことが未決定なのですから、私のこの手紙は、もとより余計なものです。しかし、もっと大事な手紙の動機があるのです。それは——かわいい、かわいい、気だてのやさしい女の子との結婚。これこそ私の幸福、それがある程度、私が大学での地位をうることを条件としているのです。一昨日以来、私は、このかわいい人を、私のものと呼んでよいという確信を得ました。——私はあなたが、そのことに心から祝辞をのべてくれることと信じています。私は、かの女に、まず、あなたと奥さまにお知らせしなければならないといいました。——かの女はマリー＝フォン＝トゥヘルといいます。」（ホフマイスター編『ヘーゲル書簡集第一巻』所収）

このような手紙を受け取ったのである。

ヘーゲルが、ニュルンベルクにきたときは、すでに三八歳を越えていた。しかし、かれには、独身生活を捨てようとする意志がなかった。かれは、独身主義者であったわけではないが、夫婦の結びつきの本質とか価値とかについて、非常に深く考え、自分じしん家庭生活に幸福を見いだし、また家庭生活を幸福にするのに適した人間かどうか、自信がもてないでいたのである。そのヘーゲルが、ついに結婚に踏み切って、ひか

晩年のマリー夫人

え目にではあるが、喜びを隠しきれない手紙を、婚約直後にニートハンマーに書き送ったのである。

ヘーゲルは若い未来の花嫁を熱狂的な詩でほめたたえた。

君は僕のもの！ 僕はその人を僕のものとよび
君のまなざしには
愛のまなざしをかえしてくれるのをみとめることができる
あゝ　すばらしいよろこび　あゝ　この上ないしあわせ！
どんなに僕が君を愛しているか　僕はいまいうことができる
苦しい胸の中に
長いあいだ　ひそかに君に対して包みこまれていたもの
それが本当のよろこびになれと　今　僕は願ってよい

しかし心のうちで動き　心の中から外へ　ほとばしり出てくる
とぼしい言葉　愛のよろこびを口にするためには
君の力は限られている

ナイチンゲールよ　僕が君の喉《のど》の力を
うらやむことができたら
しかし自然はただ悲しみの言葉を
意地わるくも雄弁にした！

しかし自然は言葉によって
愛のよろこびを
口にさせてはくれなかったけれども
愛しあう人を結びあわすために

自然は口にもっと熱烈なしるしを与えてくれる
口づけはもっと奥深い言葉で
それで心が互いに結びあい
僕の心は君の中へ流れ込む

（ホフマイスター編『ヘーゲル書簡集第一巻』所収）

四一歳のヘーゲルが、こんなにも情熱をこめて、愛の詩を書き送った許嫁の家族は、未来の夫の不規則な収入に心配していた。というのはマリーは持参金以外には、年一〇〇グルデンの贈与しか受けることができないためでもあった。それゆえ、婚礼はヘーゲルが大学教授に任ぜられたらあげるという話もでていた。

また婚約中の二人が心を打ちあけて語り合ったところ、はたして二人は幸福になれるだろうかという疑いが、かの女の心の中に萌《きざ》し始めた。かの女がヘーゲルの妹にあてて書いた手紙の終わりにヘーゲルが、つけ加えて書いたことばが、かの女の心を暗くしたのである。それは、「妹よ、あなたは解って下さるでしょう。これからマリーと共に暮らすことのできる残りの生涯が、どんなに幸福なものであるか、これ以上この世において、何の望みも考えられないようなこの愛を得た私が、すでにどんなに幸福になっているかということを、もし、私の生涯のこれからの運命に、幸福というものがあるとしたら。」ということばであった。この「あるとしたら」ということばが、かの女の心を傷つけたのである。感激的な詩の中に、愛人にたいする自分の愛情を誓った男が、自分の生涯は幸福になりうるかどうかを疑っているような表現をしたのである。

すぐその後に、ヘーゲルは手紙を出してかの女をなだめている。「私はほとんど一晩中、あなたのことを考えてこれを書きました。私が頭を悩まして考えたことは、二人のあいだのあれこれの細かい事情ではありません。はたしてわたしたちは、お互いを不幸にするようなことはないだろうかという考えです。だが、私の魂の奥底からは声がします。そのようなことはあり得ない。あるべきではない。またそうさせてはならないと！　決してそうはなりません！」「だが、愛するマリーよ。思い起こしてほしいことは、あなたのもっと深い知恵、あなたのより高い教養は、表面的ではない・心の奥底からの幸福の感情には、また必ず悲哀の感情が結びついている事実を御存知だということです！　さらにまた、私の幸福を信じ得ない心に対するいやし手になるというあなたの約束、すなわち私の真の本心と、私が現実に対抗し、あるいは現実につき従ってとる態度――あまりにしばしば私はこうである――とのあいだの和解者となるという約束、そしてこの考えが、妻であるというあなたの使命に、より高い側面を与えるものであるということ、私がそれに耐えるあなたの強さを信じているということ、この強さがわたしたちの愛のうちになければならないということ、これらのことを、どうか思い起こして下さい。」

また一度は、二人の親しい語らいのうちで、かれはかの女のもっている感情的な道徳が、実践的原理としては役に立たないといったところ、これがまたかの女を強く悲しませ、怒らせる結果となった。だが、これに対して、ヘーゲルがかの女に出したなだめる意味の手紙は、愛情に満ちた優しいものであった。「世間には、これほど苦しめても、その辛抱強さや愛情に変わりがないということをみるためだけに、その妻を悲しませてみるという悪い夫がいます。だが私は、自分をそんなに悪い人間ではないと思っています。しかもし、あなたのように愛らしい人が苦痛を与えられてはならないとすれば、私はあなたに苦痛を与えたことを、むしろ喜んだかもしれません。というのは、あなたの心の奥底を私にのぞかせてくれた深い直観によって、あなたにたいする私の愛の切実さ、根深さがいやましに増してゆくことを感ずるからであります。私の返事の中には、あなたの心を傷つけるような愛情に欠けたところがあるかもしれませんが、私はあなたをますます深く、底の底から愛し、この上ない愛らしい人と思っていることによって、すべては消え去るという理由で、またそう思って、心を慰めて下さい。——私は授業に行かねばなりません。さよなら——愛する、愛する、この上なく私の愛するマリーへ。」(クーノー＝フィッシャー『ヘーゲル伝』 甘粕石介訳)

ヘーゲルは、マリー＝フォン＝トゥヘルを深く愛していた。二人が幸福でありうるかどうか、マリーを幸福になしうるかどうか、というあらゆるはてしない反省と疑惑をもちながら、自分の結婚観、家庭生活の理想の姿を右のような恋文に託して話しかけているのである。これはかれじしんの本来の思慮深さにくわえて、二人の年齢の差や、今後おこるかもしれない障害にたいしての心づかいや、四〇歳を過ぎた「大人の分別」を、感じさせるものであろう。ニートハンマーは、せっかくの良縁が、のびのびになるのを心配して、トゥヘル家の人々にみせるであろうことを予想して、ヘーゲルあてにつぎのような手紙を書いた。「エルランゲン大学への任命は確実というも同然である。その上ヘーゲルは著名な王立ギムナジウムの一つの教授兼校長としても名望があり、また十分ふさわしいと思ってよい。個人的な功績と自分でえた地位は、今日祖先のだれよりも高い。そして、ヘーゲルは哲学者に似つかわしくない無益な心配によって、結婚をできるだけ早く実現することを妨げられてはならない。」

このようなニートハンマーの思いやりも幸いして、一八一一年九月一六日、夏の休暇中に結婚式が行なわれた。かれの結婚生活は幸せであった。

最初に生まれた女の子は、生後間もなく亡くなったが、その後、二人の男の子に恵まれた。長男は祖父にあやかってカールと命名され、後年、エルランゲン大学の史学教授となり、八五歳で死んだ。次男は、名づけ親のニートハンマーにあやかって、イマヌエルと命名され、ブランデンブルク州の宗教局長として七七歳で死んだ。

ルードヴィヒ不幸な親子

ところで、ヘーゲルは、ブルクハルト夫人との間に一子ルードヴィヒをもうけていた(一八〇七年)が、この男子は四歳まで実母のもとで過ごし、その後、養育所に移され、一八一七年実母の死を機に、ヘーゲル家に引きとられた。

マリー夫人の手紙から、かの女は扱いにくい子供のために骨を折り、かれと嫡出《ちゃくしゅつ》の異母兄弟とのあいだの争いの調停をすることに努めたことが知られる。しかし、ヘーゲル家の家計簿から、ルードヴィヒの一二歳の誕生日には、わずか二〜三グルデンしか支出しなかったのに、末息子のイマヌエルの五歳の誕生日には、かなり大きな支出がされていることも知ることができる。

ルードヴィヒは、かなり大きくなったときに、ヘーゲル家に自分のいることの不都合に悩み、口数少なく、内気で、ずるくなった。ルードヴィヒの手紙を読むと、かれは義母に冷遇されていると感じ、つねに両親にたいして、決して愛情ではなく、恐怖の気持ちをもって生活していたようである。かれはやがてヘーゲル家を出、ベルリンでギムナジウムを終えたが、学校では、言語にたいする才能を伸ばし、ラテン語やギリシア語では、時にクラスの首席となることもあった。できたら医学の道に進みたかったが、父に容《い》れられず、シュツットガルトの書籍商に奉公に出された。しかし、金銭のことで気まずいことがあり、(八グルデンの金額を横領したことが原因で、「破廉恥」と宣告された）やめることになった。しかも、このあと、ヘーゲル姓ではなく、母の実家のフィッシャー姓を名乗らなければならなかった。ヘーゲルはかれのために、オランダの植民事業の士官の辞令を買ってやった。オランダ東印度の陸軍に登録されたルードヴィヒは、一八三一年八月二八日「炎症熱」のため二四歳でジャカルタで亡くなった。同じ年の一一月一四日、父ヘーゲルもこの世を去ったのだった。（ホフマイスター編『ヘーゲル書簡集第三巻および第四巻』所収）

ヘーゲルは父として、どんなにかルードヴィヒを不憫《ふびん》に思い、かれとしてはなすべきことはなしたのであるが、書籍商をやめたころ、ルードヴィヒは、ヘーゲルをもう父と呼びたくないともらすほど、この親子は不幸な肉親であった。

ゲーテはイエナで、この「小ヘーゲル」にたいして関心をもち、一〇歳の子の記念帳につぎのように書いている。

小さな子供として　お前が最高の自信をもって
世間に立ちむかってゆくのを私は見た
そしてお前が将来世間に接するとき
友のまなざしに祝福されて　元気を出せ

『論理学』（弁証法）　この地でのヘーゲルの大きな仕事は主著の二番目と目されている『論理学』（一般に「大論理学」と呼ばれる）の完成であった。この書物は一八一二年から一六年の間に、二巻三冊の体裁で出版された。

この『論理学』は絶対知、または純粋知の内容、いいかえれば、概念の自己運動の過程を、有―無―成の弁証法としてとらえ、ヘーゲル独自の理論をのべたものである。

弁証法を要約した方式は、「正《テーゼ》」（肯定）―「反《アンチチーゼ》」（否定）―「合《ジンテーゼ》」（否定の否定）という形になる。あるいは、定立《テーゼ》―反定立《アンチテーゼ》―総合《ジンテーゼ》、また、即自《アン・ジツヒ》―対自《フユール・ジツヒ》―即且対自《アン・ウント・フユール・ジツヒ》というような表現形式もとっている。

ひとつの例でいえば、麦の種子からもえ出た芽は、種子という「正《テーゼ》」の否定としての「反《アンチテーゼ》」であるが、芽はまた芽であることを否定して、「合《ジンテーゼ》」としての成熟した麦になる。この場合、種子の中ではいつまでも種子にしておこうとする力（種子の保護としての皮など）と、種子を否定してしまう胚および胚乳の力が対立（矛盾）し争っている（相互作用）。また種子を否定した芽の中にも芽にとどめようとする力と麦になろうとする二つの力が対立（矛盾）して争っているのである。しかも、この際、麦の成長をうながしている力は、麦それじしんの中にあるこの二つの対立している力の相互作用である。同一のものの中で対立していながら、しかも統一を保っているということ、それが矛盾なのである。

ヘーゲルは、矛盾があらゆる原動力であることを次のようにいっている。「矛盾はあらゆる運動と生命性の根源である。あるものはそのうちに矛盾をもつかぎりにおいてのみ運動し、そのかぎりにおいてのみ物をつき動かし、また活動しようとする性質をもっている。」（『大論理学』「矛盾」）

　このような対立や矛盾に目をつけて、「矛盾の論理」すなわち弁証法をうちたてたのがヘーゲルであった。ヘーゲルの大きな功績の一つが、この弁証法の論理の確立である。

　また、後年の『法の哲学』第三部倫理（人倫ともいう）においてみられる共同体の発展過程である「家族」―「市民社会」―「国家」という展開を例としてみるならば、家族という「正《テーゼ》」は、それじしんを否定して、その「反《アンチテーゼ》」としての市民社会になるが、その否定をさらに否定する「合《ジンテーゼ》」（止揚《アウフヘーベン》）として国家があらわれるのである。こういう風にヘーゲルの発展は常に三段階の過程をとっている。また、かれの哲学体系すなわち『エンチクロペディー』の構成も、論理学―自然哲学―精神哲学の三段階、そして、その精神哲学も、主観的精神―客観的精神―絶対的精神の三段階になっているのである。（三六ページ参照）

　伝統的な論理学は「形式論理学」といわれているが、これは、事物の矛盾を考えられないとする静止の論理であり、不変の論理である。これにたいしてヘーゲルは、運動し発展する現実の世界が示す矛盾を解明する運動の論理、発展の論理を「弁証法論理」として示したのである。「形式論理学」では、矛盾はあってはならないものであり、主観の間違いとされたのであった。カントも、理性がどうしてもおちいらざるをえない、しかも解決できない矛盾を「二律背反《アンチノミー》」と呼んだ。そして「二律背反」を四つあげたのだが、ヘーゲルによれば、このような矛盾は、現実のどこにでもあるので四つぐらいではない。むしろ矛盾こそが、事物と現象の本性であり、思考の基本法則だと考えられている。

ヘーゲルがこのような弁証法を、組みたてたのは、かれじしんの実存的な体験や、フランス革命のように急速に変転してゆく現実のなかからよみとったに相違ないと思われる。

希望と現実

ニュルンベルクの平穏無事の八年間のなかで、ヘーゲルが心から願っていたのは、大学教授の地位にもどることであった。時至らず、ギムナジウムで哲学を講じていたわけであるが、常にヘーゲルは、つぎへの飛躍を願いながら、置かれた環境に忠実であり、しかもそこで、自己の最善をつくし、着実に自分の思想、学問の体系を整え、築きあげていったのは、何故であったろうか。そこに思いを至すとき、ヘーゲルという人はまれにみる現実主義者であり、現実と理想の融和を常に計ろうと意図する努力の人であり、思索の人であったためなのではないだろうか。それが、やがて後に、国家権力に追随する御用学者といわれるような一面もでてきたのではないかと思うが、ヘーゲルにしてみれば、現象の変化を通じて、歴史的に動的に自己を実現してゆくものが、真理であるという、精神現象学以来の思想が、いつも根底に横たわっていたのだと思われる。

ヘーゲルは、自らの打ちたてた哲学を、自ら実践しつづけていった、と言えるのではないだろうか。

このニュルンベルク時代に、ヘーゲルは、ただ一人の弟、ゲオルク＝ルードヴィヒを戦争で失った。かれは、ヴュルテンベルク公国の士官であったが、一八一二年ナポレオンのロシア侵攻に従って戦死したのだった。ヘーゲルの郷国には、たいそう兄思いの妹、クリスティアーネだけが残った。

ハイデルベルク大学でのヘーゲル

――哲学体系の完成――

ふたたび大学教授へ　一八一六年、ヘーゲルが年来の希望であった大学教授の話が三か所から持ちこまれた。それは、エルランゲン大学、ハイデルベルク大学、ベルリン大学であった。結局、ヘーゲルは、ネッカー河畔にひらけた、古城のある美しい街ハイデルベルクを選び、一〇月、正教授として迎えられたのである。

ハイデルベルク大学にいたのは、わずか二年間で、しかも最初の年は、講義をうける学生数も少なかったりして、ヘーゲルも気おちしたようであったが、つぎの年には、七〇人を数えるようになり、学生の中から熱狂的な崇拝者が現われたりして、ヘーゲル学派ともいえるものが少しずつ形づくられていったことは注目すべき出来ごとであった。

『エンチクロペディー』　ここで、かれは、第三の主著『エンチクロペディー』を、一八一七年に出版した。この書はヘーゲル哲学の体系を示すものであり、第一部「論理学」(ニュルンベルクの『論理学』にたいして「小論理学」とも呼ばれる）第二部「自然哲学」第三部「精神哲学」とからなっている。

ヘーゲルは、ニュルンベルクにいた八年間、ギムナジウムの上級クラスにこの『エンチクロペディー』という講義をしていたので、ハイデルベルク大学でも、これを講義しようと思い、出版の運びに至ったのである。ただし、この時の初版は、後にかなり大幅に訂正され、ベルリン時代に第二版（一八二七年）および第三版（一八三〇年）を出し、現在、ヘーゲルの『エンチクロペディー』は、この後の版のことをさしている。

『エンチクロペディー』というのは、『哲学的諸学問の集成』のことであり、ヘーゲル哲学の全成果を、宇宙的な規模で包括しているものであるということができるであろう。

哲学の体系を、正―反―合のように三段階または三組の方式で構成することは、ドイツの哲学の伝統であった。

『エンチクロペディー』は、実に章・節にいたるまで整然とこの三段階の形式によっているが、それを図に示すとつぎのようになる。

ハイデルベルク大学

エンチクロペディー

- ①論理学
  - ①存在論
    - ①質
      - ①存在
      - ②定在
      - ③対自在
    - ②量
    - ③度量
  - ②本質論
  - ③概念論
- ②自然哲学
  - ①力学
    - ①数学的力学（空間と時間）
      - ①空間
      - ②時間
      - ③場所と運動
    - ②有限力学（物質と運動）
    - ③絶対力学（天文学）
  - ②無機的自然学
  - ③有機体学
- ③精神哲学
  - ①主観精神
  - ②客観精神
    - ①法
    - ②道徳性
    - ③人倫
      - ①家族
      - ②市民社会
      - ③国家（①国内法②国際法③世界史）
  - ③絶対精神

プロイセンの改革

ヘーゲルは早くから、国民の自由を実現することのできる国家が、現在において歴史的使命をはたすことができるのだという国家観をもっていた。かれが、ナポレオンにたいして、驚くほどの崇敬の念をもったのも、ナポレオンによって自由の実現が可能だと信じていたためであった。

しかし、ヘーゲルの考えは、国家のためには、あらゆるものが犠牲にされてもよいというような非合理なものではなく、理性に支えられて進歩・発展する「歴史的な理性観」に立った国家主義の到来と実現を信じていたのである。

ナポレオンとのイエナ会戦に敗れた以後のプロイセンは、強い民族意識をもったシュタイン（一七五七～一八三一）の手によって、できるだけ多く国民の自由を認めながら、統一ある近代国家形成の道をあゆんでいた。シュタインは、農業改革や行政改革に努力し、まず隷農制の廃止を行ない、都市においては一定の額以上の収入がある者を有権者として、市会の選挙を行なわせるなどの都市自治制を実施した。このようなプロイセンの改革にヘーゲルは、大きな期待と関心をよせていたのであった。

ドイツ学生組合（ブルシェンシャフト）　一八一〇年代の後半、ドイツには、大学生中心の愛国的・政治的運動がひろがっていた。それは、一八一五年、イエナ大学に、ドイッチェ－ブルシェンシャフト（ドイツ学生組合）と称して結成され、この動きは急速に各大学に波及していった。かれらの運動は、ドイツの統一と自由をめざしたものであった。そして一八一七年一〇月、このブルシェンシャフトが中心となり、ドイツ各地の大学（ベルリン・マールブルク・エルランゲン・ハイデルベルク・キールなど）の学生を招いて、

ヴァルトブルクの祝祭

ルターの宗教改革三百年と、ライプチッヒ戦勝記念日を祝って、ヴァルトブルク(ここの古城でルターが聖書をはじめてドイツ語に翻訳した)で、祭典を催した。かれらは、自由なドイツの過去と未来を祝い、ルターが法王からの破門状を焼いた故事にならって、非ドイツ的・反動的な書物を焼いたりした。かれらに排斥された書物の中には、政治的にも道徳的にも低劣有害な作者であるとして、詩人コッツェブーの書もあった。このとき、ドイッチェ・ブルシェンシャフト(ドイツ学生組合)は、アルゲマイネ・ドイッチェ・ブルシェンシャフト(全ドイツ学生組合)に拡大された。

この祭りには、イエナ大学の哲学教授フリースも参加し、演説を行なって、学生たちを激励したのであった。この運動は、さらにその後極端化し、自己の内心の確信さえあれば、いかなることをしてもさしつかえないという浅薄で危険な思想傾向をおびるに至った。

ヴァルトブルクでの焚書事件や、その後のかれらの動向は、権力者の学生運動にたいする注意と警戒心を強めるきっかけになった。

一九世紀はじめのドイツの状況

① まず一八〇六年には、ナポレオン戦争によってオーストリアおよびプロイセンがそれぞれ敗北し、西南ドイツの諸邦は、ナポレオンの保護のもとで、「ライン同盟」をつくって帝国から脱退した。そしてまた、神聖ローマ帝国も、この年に、皇帝の退位によって滅亡している。

② このような敗戦と外国の支配のもとで、ドイツ国民の間に、はじめて真の民族意識がめざめた。とくにプロイセンは、一八〇七年の屈辱的なティルジット条約(領土の縮小・軍備の制限・フランス軍の駐留・多額の賠償金など)によるドン底から立ちあがり、シュタインやハルデンベルクらをはじめ、愛国的な指導者による行政・教育・軍制の改革によって国家の再建に奮起した。

③ そしてドイツ国民は、一八一三年から一八一四年にかけて、プロイセンを中心としてオーストリアやライン同盟下の諸邦も、反ナポレオンの「諸国民戦争」に加わり、ついにドイツをナポレオンの鎖から解放した。プロイセン王はこの解放戦争にさいして、自由独立のドイツをつくることを国民に約束して、義勇軍をつのったのであった。

④ しかし、一八一五年のウィーン会議の生みだしたものは、反動的な「ドイツ連邦」だったのである。対ナポレオン戦争に参加したすべての国による大国際会議としてのウィーン会議は、領土問題をめぐる各国の利害の対立から、勢力の均衡・正統復古主義という方針のもとで、プロイセンの強大化をおそれるオーストリアのメッテルニヒによって、巧みにあやつられた。かくてドイツ連邦の内部は、いぜんとして三九の小国の分立状態のままにとどめられ、自由と統一という国民の願いは完全にうらぎられた。

⑤　自由と統一の夢を破られたドイツ国民の不満は、学生たちの間から燃えはじめ、一八一七年にヴァルトブルクで全ドイツ学生組合（ブルシェンシャフト）が結成された。しかし、過激派の学生による各地の不穏な暗殺事件は、かえって、連邦内諸政府の公然とした弾圧を招くことになった。

⑥　メッテルニヒは一八一九年、連邦内主要国の会議をカールスバートに招集し、大学法・出版法・扇動者取締規定の三部からなる法律草案を可決させ、ただちにフランクフルトの連邦議会に送付して、これを満場一致で決議させた。このカールスバートの決議のもとに、ドイツの全大学は各邦政府のきびしい監督下におかれ、学生組合は厳禁され、一大学を追われた教授・学生はどの大学にも席をえることができず、また新聞・雑誌・書籍などすべての出版物は検閲され、連邦内の革命的陰謀をしらべる委員会がおかれ、私信の検閲までうけなければならなかった。

⑦　したがって、ドイツの運命を左右するプロイセンやオーストリアをはじめ連邦内諸国の大部分は、西南ドイツの若干の国をのぞき、ウィーン体制の反動主義の波に同調して、まだ立憲的な国にさえなっていなかった。

まことに、ドイツの一八二〇年代は暗黒の時代であり、自由主義の運動はほとんど息の根を絶たれてしまった。民族の独立、国家の統一などの要求さえ、すべて革命の遺産としてしりぞけられたのである。ドイツ国民の自由と統一の問題は一八三〇年代の自由主義運動および一八四八年のドイツの三月革命までまたなければならなかった。

このような状態のなかで、ヘーゲルはその晩年をむかえた。そこでかれは、立憲君主制を肯定する立場から、ドイツの現実にそくして新時代の精神を現実的に探求したのである。ヘーゲルが、『法の哲学』という書物を著わして、近代市民社会における人間関係のもつ諸問題をとりいれながら、国家における人間のあり方を根本的に追究したのも、ちょうどこの時期のことなのである。

ベルリン大学でのヘーゲル

——栄光の晩年——

ベルリン大学への招聘　プロイセンの文部大臣であったアルテンシュタインは、過激な学生運動にたいするには、権力による弾圧でなく、冷静な学問的認識で善導しようとの方針をたて、そのためのもっともふさわしい思想家として、ヘーゲルをベルリン大学の哲学教授として招くことにした。

哲学教授の席は、前任者フィヒテが一八一四年に亡くなって以来、空席になっていたのである。かつて、ヘーゲルが八年を過ごしたニュルンベルクを去るに際し、ベルリン大学からの招聘《しょうへい》もあったのだが、その時のかれは、ハイデルベルク大学を自ら選んで赴任したのであった。一八一七年末、ヘーゲルのベルリン大学就任が正式に決定し、翌年一〇月、かれは、ベルリンに移った。ちょうど、学生運動が、全ドイツ的な規模で活動をはじめた年であった。

コッツェブー刺殺事件　その著書がヴァルトブルクの祭りで焼かれ、またロシアのスパイではないかと疑われていた著名な詩人コッツェブーは、一八一九年三月、マンハイムにおいて、ザントという一学生の手で刺殺された。ザントは、イエナ大学の学生で、ブルシェンシャフトの一員であり、同時に、ドイツ学生組合の理想にたいする共鳴者ヤーン（一七七八〜一八五二）の設立した体操学校の一員でもあった。

この事件は、世間の人々に大きな衝撃を与え、ザントのように純粋な愛国の至情より発した行為が、普通の意味での殺人といえるかどうかという問題が論ぜられたが、当時の世論は、この問題に否定的な解答を与える方向に傾いていていた。

コッツェブー事件

ドイツ連邦議会の実権を握るオーストリアのメッテルニヒは、すでに、前節末においてのべたことではあるが、このコッツェブー事件を利用して、大学を中心に、講義・論文・結社などのあらゆる形をとって現われている自由主義運動を弾圧する絶好の口実とした。カールスバート決議は、一八二〇年九月二〇日、連邦議会によって承認された。学生組合の結成禁止、ヤーンの体操学校の閉鎖、言論・出版の自由の制限。そして、各大学には、監督官として政府から全権をゆだねられた官吏が任命され、扇動者を取り締まるという、なかなか厳しい条令を制定した。このカールスバートの決議は当時の保守的な政治家でさえも、近来まれにみる悪法だと言っている。

教授、学生は極端な監視を受け、ブルシェンシャフトに同情的な大学教授にたいしては、弾圧も加えられた。すなわち、フリースは、ヴァルトブルクの祭りの演説で、学生たちを扇動したという理由で休職を命ぜられ（一八二四年に復職）、この運動に同情的であったシュライエルマッヘルの説教なども、監視づきで行なわれるようになったということである。また、ベルリン大学の神学教授ド＝ヴェットは、コッツェブー殺害犯人ザントの母に、かの女の息子の行為は誤っているが、その意のあるところは諒とする、と手紙を書いたことを理由に解職された。ところが、この処分を認めないベルリン大学と、プロイセン国家を代表する文部省とのあいだに、対立が生じた。大学の教授たちは解職されたド＝ヴェットのために募金を行なって、抵抗の意志を明らかにした。ヘーゲルも、このとき、募金に応じている。

ただし、かれが、ド＝ヴェットのために金を出したのは、抵抗の意志表示ではなかった。一八二〇年はじめシュライエルマッヘルの同席した会合で、ヘーゲルは、ド＝ヴェットにたいする当局の措置は正当である、ただ当局は、ド＝ヴェットの俸給まで取りあげるべきではなかったから、自分は寄付をしたのであると自己の意見を表明したのである。シュライエルマッヘルは、ヘーゲルの見解を学問の自由を尊重しない、いやしむべきものであるときめつけた（ローゼンツヴァイク『ヘーゲルと国家』第二巻）。

しかし、ここで注意すべきことは、ヘーゲルが見抜き、批判したのは、決して自由そのものではなく、自由に役立っていると思いこんでいる浅薄な疑似政治的言行＝無政府主義的な考え方のもつ危険であった。

『法の哲学』の「序文」（一八二〇年六月）に、ヘーゲルは、フリースの名を個人的にあげて、「浅薄さの将帥《しょうすい》」

として痛罵《つうば》しており、あるいはまた、哲学は、いまやギリシアにおけるように私的な技術として行なわれているのではないから、政府が誤った自称哲学に注意を向けるにいたったのも当然であるといい、あるいはさらに、そのような哲学が公然たる破綻《はたん》(ザント事件)にぶつかったのは、学問にとって幸いである、などと述べている。かれは、ドイッチェ＝ブルシェンシャフト的な、たんに心情の純潔さのみを重んずるロマン主義的な考え方にたいする激しい非難のことばを、「序文」の中に書きつらねたのであった。

ヘーゲルは、ベルリンにおいて自己に与えられた任務を忠実にはたそうとして、熱心に教育活動にあたった。かねてから、ヘーゲルに対して好意をよせていたゲーテは、一八二〇年一〇月七日の手紙の中で、「いろいろの所から、貴君の若い人びとを育成している努力が、この上ないよい効果を生んでいるということを聞いて喜んでいます。」と書き送っている(クーノー＝フィッシャー『ヘーゲル伝』甘粕石介訳)。ヘーゲルは、いつでも、自分のおかれている現実を誠実に生き、また理性的に見ていたのである。

国家と運命

ベルリンでのヘーゲルの動きが、ともすると国家権力に結びついたものであると誤解されるのであるが、ヘーゲルは自己の哲学的信念にもとづいて、プロイセンの国家権力の本質を理性的なものとして肯定し、ブルシェンシャフトの過激な行動や、それを支持する教授たち(フリースやド＝ヴェットなど)の言動は、自分の信じている自由の理念とはあわない非理性的なもの、と認めていたのである。かれは、国民の自由の実現という、世界史的使命をはたす真実の国家は、少なくともドイツに

18世紀ころのベルリン大学

おいてはプロイセンであり、プロイセンは、いま、その実現の道を歩んでいると考えていた。

ヘーゲルは、すでに述べたことではあるが、フランクフルトの家庭教師時代に書いた『キリスト教の精神とその運命』という論文のなかで、「愛によって、わたしたちは運命と和解することができる。しかし現実には、このような愛のみによっては、和解しえないきびしい運命がある。その運命とは、国家にほかならない。」と述懐していた。ヘーゲルにとって、国家は運命であったのである。かれのこのような国家観は、終生変わらなかった。

一般に、国家というものを考えるとき、国家とは、歴史的伝統の上につちかわれたものであり、歴史に支えられない国家は存在しないのである。ヘーゲルも、国家というものに関心をもったとき、当然のように歴史にたいしても、一つの見解を残している。かれによれば、歴史とは、人間の力でどうすることもできない法則によって動いているもので、この法則によって歴史の過程は、必然的に定められている。したがって、わたしたちの理想は、歴史のうちにおいて、まさに、それが実現されるべきときがこなければ実現されない、という論である。

このような思想に支えられたヘーゲルが、国家権力と結びつきやすいのは、これまた必然であったといえよう。

ヘーゲルの真の願いである理想的な国家をうちたてるには、現実の国家自体が、より正しい方向へと、その本質を実現してゆかなければならないのであるが、現存する国家、すなわちドイツが、分裂の状態を脱して、統一に向かうには、あまりにもがんじがらめの組織と権力に支配されていた。したがって、ヘーゲルの理想の実現には、多くの困難があったのである。しかし、これは決してかれの思想の破綻を意味しているものではない。ヘーゲルのおかれた現実が、理想を実現すべき環境になかったからである。

『法の哲学』

一八二一年、ヘーゲルは、第四のそして最後の主著『法の哲学』を出版した。これは、また、しばしば大学で講義された。その理由は、かれが当時の復古的・ロマン主義的な風潮に反対し、青年たちに「法」について理性的に思惟《しい》することを教えよう、としたためであった。

『法の哲学』は、『エンチクロペディー』の第三部「精神哲学」のうちの客観的精神の章を詳しくのべたものである。客観的精神とは、歴史のうちに、自己を実現するかぎりでの絶対者であり、歴史的・精神的なものを支配している理性的法則なのである。要するに、現実を支配している理性的法則を、すじ道をたてて追究しているのが『法の哲学』である。その「序文」にある有名なことば「理性的なものは現実的であり、現実的なものは理性的である」という叙述は、存在しているものはすべてみな、理性的だというようにとれるが、『エンチクロペディー』の第六節でヘーゲルはつぎのような注釈をしている。

「日常の生活ではあらゆる気まぐれ、誤り、悪と言ったようなもの、およびどんなにみすぼらしい一時的な存在でも、手あたりしだいに現実と呼ばれている。しかしわれわれは普通の感じから言ってもすでに、偶然的な存在は真の意味における現実という名には値しないことを感じている。偶然的なものは可能的なもの以上の価値をもたない存在であり、有るかもしれずまた無いかもしれないものである。わたしが現実という言葉を使っているとすれば、人々はそれについてとやかく言う前に、わたしがどんな意味にそれを用いているかを考えてみるべきであろう。なぜなら、わたしは論理学を詳細に述べた本のうちで現実という概念をも取り扱っており、現実を、やはり現存在を持っているところの偶然的なものから、はっきり区別しているからである。」（ヘーゲル『小論理学』松村一人訳 岩波文庫）

要するに、「この世に理性が支配している限り、理性的なものは現実に存在しなくてはならないし、現実に存在する本質的なものを理性として、すなわち、本質的な存在＝現実＝理性の実現態としてとらえていかなければいけない。」ということを示したものであろう。

この序文には、「ミネルヴァのふくろう（哲学をさす）は、たそがれがやってくると、はじめて飛びはじめる」というもう一つの有名なことばが末尾にしるされている。このことばも、『精神現象学』を書いた当時にくらべて、晩年のヘーゲルがまことに現実肯定主義者である印象を、つよく与えることばである。

「一人の個人についていい得ることは、その一人のみでなくその時代の子の一人一人についていい得る。哲学もまたこれと同じく思想のうちに把握されたその時代である。」とヘーゲルは、『法の哲学』の中でいっているが、まさに何人もその時代を越えることはできない。現代がわたしたちの活動の舞台であり対象なのである。哲学にとっても、またこのことばはそのままあてはまる。かれじしんの哲学は時代の最大の生みの子であった。だから『法の哲学』はプロイセンを中心とするドイツおよび近代市民社会という現実をふまえた上に成り立っている。

かれの弁証法によると、一切は運動し変化するので、永遠不動の存在というものはありえない。だから事物は、それだけを絶対視できないので、いつでも、それじしんのうちに否定するものをもつ矛盾物である。この矛盾が、その事物を現状のままにしておかないから、事物は必ず転化するし、発展する。したがって、「現実的なもの」を固定化し絶対視してはいけないはずだが、結局は、「プロイセン国家」という「現実的なもの」を、かれは、転化し発展する世界の外に置いてしまった。

このことをいい換えると、かれの国家観には、自分じしんの弁証法を裏切るものがあったといえよう。

ところで、『法の哲学』には、二つの山がある。一つは自由と権力の関係についての問題、もう一つは市民社会と国家の関係についての問題である。そして結論としては、個人は社会の一員であるべきだと説き、市民社会は最高価値としての国家に上昇しなければいけないと説いている。

とくに、市民社会の本質を、経済観に立って鋭く分析し、批判したヘーゲルの説は、当時のヨーロッパの各国で問題となっていた個人の原理（人間性・理性など）と、個人の社会に関する関係（個人的な必要と社会的な目的の関係）について、よい示唆を与えるものであった。

フランス革命は、自由・平等・友愛をスローガンにして達成されたが、革命後も、一八世紀の啓蒙思想家たちが保証した「理性の王国」は実現されず、かえってはっきりしてきたのは階級対立であった。自由は、資本家の搾取する自由になり、平等は、資本家的法律の前での形式的な平等になり、友愛は、階級反目の事実の前に姿を消してしまった。社会契約説は、自然法の前での人間の平等な立場を前提していたが、結果として出現したものは、人間性の共通性でなく、利害によって分裂する人間の差異であった。ルソーが、ほんとうの平等がなくては、自由は一部の特権になるといったことが、現実の姿となりつつあったのである。だから、自由主義的な個人主義と、それにもとづく社会契約説は、一七・八世紀のものになってしまい、時代の中心問題は、個人と社会の関係になっていた。ヘーゲルの『法の哲学』は、このような時代の要望にこたえるものをもっていたので、先進諸国も耳を傾ける思想となったのである。かれによると、市民社会は私利を追求する個人の集まりとして、欲求と労働の体系＝原子論の体系＝分裂の社会であり、その矛盾は、結局、国家への上昇によって解決されるものであった。（玉井茂『現代思想を築いた人びと』理論社　参照）

大学総長　ベルリン大学での、ヘーゲルの哲学は、多くの青年たちをひきつけ、ヘーゲル学派が形成され、ドイツの各大学では、ヘーゲル的な哲学が講じられるようになっていった。

一八二九年の一〇月一八日、かれは、ベルリン大学の総長に選ばれ、一年間この職にあった。

そのころのドイツの各大学には、カールスバートの決議に従って、政府からの監督官が配置されていたが、ベルリン大学の場合は、ヘーゲルが総長であった期間は監督官は空席のままであった。ということは、ヘーゲルが総長兼監督官の任にあたっていたということである。このことからみてもヘーゲルの哲学は、プロイセンの国家哲学となるべきことを暗に要請されており、ヘーゲルも国家から託された使命を自覚していたということであったろうか。

講義中のヘーゲル

総長就任の演説は慣例に従ってラテン語で行なわれたが、儀礼的な演説だった。それは、学生に対して大学の自由のあり方を説き示し、さまざまな放逸におちいりがちな誤った自由を戒《いまし》めたものである。ヘーゲルが学生に示した正しい自由とは、大学の各分科の科学・教授機関・講義などを通して、自分のものにするための研究の自由にあるという内容であった。

七月革命

ヘーゲルが総長をつとめていた一八三〇年の七月、フランスに七月革命がおこった。前年の八月、フランス王シャルル一〇世は時の内閣を罷免《ひめん》し、かれの友であり、ジェスイット教徒と密接な関係にあるポリニャック公爵を首相とした。そして出版の自由を停止し、新選挙法が公布された。七月二六日、官報に王の命令がのり、これにたいして新聞記者および著作家はティエールを先頭として抗議した。翌日の市街戦で、王の軍隊は敗れて、王とその一族は王宮を追われ、憲法は国民主権の原理によって変革され、自由主義的な色彩の濃い政府が樹立された。ヘーゲルの弟子として有名なフランス人ヴィクトル＝クーザンは、枢密顧問官および文部官僚となった。

この革命は、ポーランドにおいて不幸な失敗に終わった叛乱、それに応じて起こったドイツ各地の暴動など、ヨーロッパの諸国に大きな影響を与えずにはおかなかった。

ヘーゲルは、ハイデルベルクおよびベルリン両大学の就任演説において吐露しているように、革命と国家変革の時代はナポレオンの没落と共に終わり、いまや深く思慮された考察と進歩との時代が現われたということを信じていたから、この革命に強い衝撃をうけたが、かつて、フランス革命の報に情熱をたぎらせた若い日のかれとちがって、むしろ、おそれと怒りをもって接したようであった。そして、ブルシェンシャフトにたいした時と同じように、プロイセン国家の哲学者としての態度をかえなかった。

ヘーゲルの死

一八三一年夏、アジアーコレラが初めてドイツに侵入し、ベルリンに死の猛威をふるった。ヘーゲルは、夏の学期が終わると郊外に難を避けて、家族と共に夏の休暇を送った。

かれは八月二七日六一歳の誕生日を迎えた。

秋が深くなり、新しい学期が近づくと共に、疫病はしだいに勢いを弱め、終わりに近づいているように思われた。ヘーゲル一家はベルリンの家に帰ってきた。

一一月一〇日の木曜日には、ヘーゲルは元気に法哲学と哲学史の講義を行ない、翌日も続いて講義した。かれはこの二日間、力と熱情をこめて教え、熱心に聴きいっている学生の心を恍惚《こうこつ》とさせた。家に帰ったかれは、夫人に「今日はとくべつ楽であった」といっている。

ところが、翌々一三日の日曜日の午前、かれは突然激しい胃痛に襲われ、嘔吐《おうと》した。食事に招待しておいた客は断わられた。一睡もできない苦しみ通しの一夜が明けて、月曜の午前は少し様子がよくなったように思われた。が午後三時すぎに容態が急変し、午後五時一五分永眠した。

くしくも一一五年前のこの日（一七一六年一一月一四日）ハノーバーでライプニッツが亡くなっている。

コレラの風刺画

ヘーゲルの晩年およびその死のようすについて、夫人はニートハンマーにあてた手紙のなかでつぎのように述べている。

一八三一年一二月二日ベルリンにて

「おたずね申しあげて、あなたや奥さまと故人のことをお話し申したい心で胸も一ぱいでございます。……あの人なしにどうして生きていったものやらまだ考えもおよびません。なのに生きてまいらねばなりません――あの人の名を辱かしめないように、どのような苦しみにもとり乱さないで、神さまのおぼしめしのかぎりは、人生と義務にしっかと足をふまえていなければなりません。厳格なむごい心で私はこのように自分に申し聞かせております。……

故人の生涯の最後の数年は一番美しい朗らかな年月でございました。あの人は若返っておりましたと申しあげたいのでございます。ちょっとしたことにも生きる喜びを感じ、日ごとにふえていく友達や学生にはこの上もなく愛せられて心から幸福でした。……〝哲学者に生まれるなんて、神に呪われているんだ〟などと怒気を含んだことばも、もう一切きかれませんでした。感謝にみちて恩恵を喜んでおりました。……

――去年あの人の誕生日（八月二七日）を盛大に祝いました後、私ども二人は瘧《おこり》をわずらいました。ヘーゲルはこの為に一〇月の末までかかり、冬にはまた、ずっと講壇に立つことができました。――その後、しかしヘーゲルの体力は以前のようではなくなりました。朗らかな気分になり、時には大変元気そうに見えることはありました——でも落ち着いた静かなことをほしがりました。……

悲惨なコレラをヘーゲルは心配し不安がっておりました。「わしは胃が弱いから、わけなくコレラになりそうだ」などとよく申しました。——私はコレラの薬店を捜しました。万一の場合のために門の近くのある医師を頼んでありました。——でもあの人はこんな郊外の健康ないい空気の中に住んでいられるのは幸せだ、コレラも手が出まいと、自分の幸福を喜んでおりました。——しかし一〇月の初めには市内へ帰らなければなりませんでした。講義が始まるし——寒さが近づくのに粗末な住居、——これ以上郊外にとどまることはできませんでした。——ヘーゲルは空気の変わったことを、泉の水から洗いものの水の中へ移された魚のようだと嘆いていました。一方コレラが減少していくのを毎晩喜んで、不安はみな消えてしまいました。一一月の一〇日と一一日に講義を始めました。きびきびと元気で、聴講生たちはたいへん喜びました。——土曜日には大学で試験をして、そのあと二、三の訪問をはたしました。その晩と日曜の朝の食事の時はいつもと変わりなく元気でした。一一時に胃の痛みを言いだし吐気《はきけ》を催しました。——私はすぐさま薬湯と温まる薬を持参し、二時には医者が来ました。昼も夜もぶっ通しに胃が痛みました。「非常に痛いのでもなければ、不安な痛みでもありません。」——芥子《からし》をこねた粉も水蛭《みずひる》も効目《ききめ》がありませんでした——次の朝になるとすっかり痛みがとれてただ元気がないだけになりました——お医者様は私を落ち着かせました——脈搏は九〇でした。お医者様が二度目に来られた時は病人はすっかり変わっていました

――脈はほとんど分からぬ位に弱くなってしまっていました――見馴《な》れた顔に水のような冷たさが現われました。でも意識は明瞭でした。なんの不安もなく落ち着いていました。気持のいい疲れといったようすでした。ホルン博士を呼びにやりました。死の一時間前でしたが、明瞭なしっかりした声で病人は迎えました。――それから一五分、空気がたりないと訴えました――横にならせてくれと望みました――イマヌエルが枕と一緒におとうさんの頭を両腕に抱えました――なんとも言いようのない平静な表情でした。もっとも柔らかな、恵まれた眠り――聖者の永眠でございました。――」

（『ヘーゲル書簡集』小島貞介訳　河出書房）

葬儀

一一月一六日、葬式が行なわれた。大学の講堂では、マルハイネッケが総長の資格をもって追《つい》悼《とう》演説をし、埋葬のときはフェルスターが友人として、マルハイネッケが牧師として挨拶した。マルハイネッケは、ヘーゲルの特質を次のようなことばで人々に印象づけた。

「われわれは、死がかれにたいして何ごとをも行なうことを許さない。死は、ただかれからかれそのものではなかったものを奪い取ったに過ぎない。かれが、その全存在を通して、優しい思いやりのある善良な性質をのぞかせているのは、かれが、その気高い高貴な志操のうちに、自己を認識させているのは、また、かれに近づくだれもが、以前の偏見を捨てないわけにはいかないような、かれの全性格の純粋さと愛らしさと静かな大きさと子供らしい素朴さとを示しているのは、――かれの死によって奪われた肉体ではなく、かれの精神である。かれの精神は、かれの著作、かれの無数の崇拝者、門弟のうちにあって生きている。それは永久に死ぬことなく生きているだろう。」

故人の遺志により、遺体はフィヒテのかたわらに葬られた。

ヘーゲルの墓

「近代精神の終末」

クーノー＝フィッシャーはその『ヘーゲル伝』（甘粕石介訳）のなかで、ヘーゲルの死について、一九世紀末の立場からつぎのように述べている。「ヘーゲルはただ穏やかに死んだだけでなく、時期を得て死んだ。その年齢からみても、著作活動からみても、名声においても、もっとも力の張り切っていた時期において、……。かれの前に歴史的に与えられた課題を、かれは、哲学上の著作家として教師として、その著作において講義において、完全に果たして死んだ。かれの死んだときは、かれによって果たさなければならないものは、すでになかったのである。」

ヨーロッパの歴史は、ちょうどヘーゲルの死がその合図でもあるかのように、一八三〇年を一つの転機として、新しいページの記録を書き始めている。七月革命の影響は全ヨーロッパに波及し、ドイツにおいても、自由主義の運動として展開していった。ザクセンを始めとする諸邦では、つぎつぎと立憲政治が確立し、「自由と統一」の叫びは、民衆の運動にまで発展していった。もちろん、ドイツの自由主義の運動は、メッテルニヒを指導者とするオーストリアや、反動化したプロイセンなどの諸勢力によって弾圧をうけた。がしかし、他方では、産業もしだいに栄えて商工業的資本家の力が強くなり、自由貿易も始まり、一八三三年には、ドイツ統一の前提ともなるドイツ関税同盟の結成をみるのである。

そして、一八四八年には、ドイツにも革命がおとずれる。メッテルニヒの失脚、ウィーンおよびベルリンの革命は、ドイツ革命の方向を決定するものであった。しかも、立ちおくれのドイツでは、この市民革命が同時にプロレタリア運動の序幕でもあったのである。というのは、一八四〇年代は市民社会の危機の時代であり、資本主義体制下の労働者が、新しい階級を結成してプロレタリア革命を要求し始めたからである（マルクスの「共産党宣言」）。

こうした社会情勢のなかで、一八三〇年代は、まだヘーゲル哲学の影響の強い時代であったが、四〇年代にはいると、ヘーゲル哲学は捨てられる運命にめぐりあうのであった。歴史は、近代をこえ、近代精神の総決算をしたといわれるヘーゲルと対決し、それをのりこえて進んでいく——。ヘーゲルの死は、同時に、近代精神の終末を告げるものでもあったのである。

Ⅲ

ヘーゲルと現代思想

後世への影響

ヘーゲル亡きあと

おもえば、ベルリンでの一三年間は、ヘーゲルの生涯にとって、まさに栄光にみちた輝かしい日々であった。ヨーロッパの哲学界に君臨し、その思想は広く、大きな影響を与えていた。かれの講義を聞くために、各国の学者がベルリンに集まり、ヘーゲル学派とよばれる人々もその数をましていた。

しかしながら、ヘーゲル亡き後のヨーロッパの哲学は、なんらかの意味でヘーゲル哲学への対決から生まれていったのである。

ヘーゲルの哲学は、汎神論的色彩の濃いもので、絶対者は有限者を離れてあるものではなく、有限者の変化のうちに、自己を実現するものであった。したがって、ヘーゲルの立場は超越的な神を認めるキリスト教的立場と一致するかどうか、かれじしんは一致を確信していたが、大きな問題であるといわねばならない。

ヘーゲル学派のシュトラウスは、ヘーゲル的立場に立って、『イエス』を著わしたが、この書を契機としてヘーゲル学派は、あくまでもヘーゲル哲学の立場を守る右派あるいは老ヘーゲル派と、中央派あるいは自由主義的ヘーゲル派、およびヘーゲル哲学から観念論的・形而上学的性格をとり除いていこうとする左派あるいは青年ヘーゲル派とに分裂した。そしてヘーゲル左派の人びとは、しだいに、ヘーゲル哲学を批判する立場をとっていったのである。

ヘーゲル左派とマルクス主義　ヘーゲル左派に属する人々のなかで、もっとも有名なのは、ルードヴィヒ＝フォイエルバッハとマルクスおよびエンゲルスである。フォイエルバッハは、ヘーゲルの理性主義的形而上学に反対して、神とはもともと人間が考え出したものにすぎないのだから、哲学は現実に存在する人間、つまり、肉体をもち空間的・時間的に存在している具体的な人間から出発しなければならないとの説をたてた。そして、フォイエルバッハのこのような考え方を継承して、マルクス、エンゲルスの弁証法的唯物論が成立したのである。

非合理主義と実存主義　ヘーゲル哲学は、ショーペンハウエルの非合理主義哲学の立場からも批判された。ヘーゲル哲学の根本精神である理性主義にたいして、ヘーゲルの生前、すでに、ショーペンハウエルは、世界は理性的法則によって支配されるものではなく、非合理的・盲目的な生への意志によって動かされるものである。そして、すべてのものは自己を保存して、ただ生きようとするのである。わたしたちが多くの欲望をもつのはこのためであるが、欲望には限りがない。それをすべて満足させることは、不可能であるから、現世は必然的に苦の世界であるという論をたてた。これがショーペンハウエルの厭世観思想である。

また、晩年のシェリングも、ヘーゲルによって『精神現象学』のなかで批判された〝同一哲学の思想〟を捨てるとともに、ヘーゲル哲学をも否定して、一種の非合理主義的哲学を主張した。

実存主義思想の祖であるデンマークのキルケゴールは、ヘーゲルの唱えた〝理性的法則が歴史を支配する〟という思想を強く否定した。かれは、「わたしたちは歴史のうちにおいて常にみずから、行為の決断を行なわなければならないのだから、歴史がどういう法則によって支配されているかということは問題ではなく、わたしたちはいかに生きるべきかという問題に直面し、みずからの行為について苦悶するのである」というのである。そして、いかに生きるべきかを真剣に苦しみ考えるとき、しだいに自己の自覚を深めて、真実の生き方に目ざめてゆくのであるといっている。キルケゴールはこの自覚の展開を弁証法と称した。

このように、キルケゴールの思想は、ヘーゲル哲学に反対するものではあるが、弁証法的思考という点でヘーゲルの影響を受けているとみられるのである。

日本における影響

ヘーゲル哲学およびその弁証法が、わが国で問題にされたのは、明治二〇年以後においてである。ヘーゲル哲学は、明治哲学における現象即実在論の発展を形成するうえで、仏教とならんで、またはむしろ、仏教と結びついて、大きな比重をもっていたといわれている（船山信一『明治哲学史研究』ミネルヴァ書房）。しかし、明治においては、ヘーゲルの哲学の体系とか、絶対精神、汎論理主義の立場とかが問題にされたが、弁証法論理の方は、深くは問題にされなかった。弁証法は、たいてい、進化論と結びつけて考えられていた。明治時代の弁証法研究者には、それぞれ研究の立場にちがいがあったが、紀平正美《きひらただよし》を第一人者とし、中島力造・元良勇次郎・吉野作造・戸水寛・上杉慎吉・桑木厳翼などをあげることができる。

わが国において、ヘーゲル哲学、とくにその弁証法についての本格的な研究がはじまるのは、大正末から昭和のはじめにかけてである。この時期には、唯物弁証法の研究がさかんであった。したがって、わが国では、弁証法の研究という点では、マルクスの弁証法がヘーゲルの弁証法をよびおこしたということができる。一九三一年（昭和六年）には、わが国においても、ヘーゲル百年記念祭が催された。そして、これを契機として、ヘーゲル研究はさかんになっていった。

ヘーゲル哲学、とくにその弁証法の影響を強くうけながら、これと批判的に対決して、独自の思想をうちたてたのは、西田幾多郎《きたろう》であり、さらに田辺元《はじめ》・和辻哲郎《てつろう》らである。

あとがき

人はだれでも　人間の条件の全貌を備えている

（モンテーニュ『随想録』三巻二章より）

この本において、わたしは、世界の歴史が大きく変わっていく時代に、ヘーゲルが、哲学者としてよりも、むしろ一人の人間として、「いかに生き、いかに考えたか」ということを中心に考察してみた。したがって、おのずから、かれの物心両面を規定している「ドイツおよび郷国ヴュルテンベルク公国の歴史的・政治的な事情」と、「フランス革命」との関係における「若い日の体験と思想――自由・愛・運命の探求――」が叙述の中心を占めることとなった。それは、一つには、この若い時代が、ヘーゲル解釈上多くの問題を残している時代であるとともに、また、それだけに、かれの思想の発展過程において、もっとも興味があり、かつ重要であると考えたためと、二つには、イエナ時代以降の哲学体系の問題にかんしては、わが国において、すでに、卓抜な研究書ならびに専門的な解説書が、かなりの数にわたって公刊されているので、この点については、多くの筆を費やさずに略させていただいても、と思ったためである。したがって、「哲学者としての道――苦悩と栄光――」においては、完成されたヘーゲルの哲学理論そのものにかんする専門的な説明を、かなり割愛させていただき、おもに、人間ヘーゲルのプロフィルを描くことに重点をおいた。この点、読者の方々には、紙数の制限もあり、せつにお許しを乞うしだいである。

わたしは、若い日のヘーゲル像を描くにあたって、とくに、宗教と歴史と政治（経済を含む）の三者が、ヘーゲル自身の体験と思索において、密接不可分の関係にあるという点に留意した。かれにおいては、宗教の問題は同時に政治の問題であったのである。本来、ヘーゲル哲学の体系確立の基礎は、自己自身の実存をも含めた社会や歴史における現実的・実践的な問題に定位していた。

本書をとおして、これまで、難解無比として敬遠され忌避《きひ》されがちな哲学者ヘーゲルが、少なくとも人間ヘーゲルとして、読者の方々、ことに年若い方々に、多少なりとも親しみやすいものとなり、さらにすすんで、ヘーゲルの著作に立ちむかおうとする関心を呼びおこすことができるならば、著者として、まことに幸いである。

なお、巻末には、ヘーゲルの略年譜および参考文献の代表的なものをあげておいた。これらの著書のうち、とくに、傑出した独創的な労作である金子武蔵氏の著『ヘーゲルの国家観』は、わたし自身にとって、ヘーゲルのきわめて難解な思索の過程を解明するための導きの書となったものである。また、近刊書としては、豊富な学殖に裏づけられた岩崎武雄氏の編（解説を含む）『ヘーゲル』（『世界の名著』全集所収、中央公論社）および中埜《なかの》肇氏の著『ヘーゲル』（中公新書）、ならびにヨアヒム＝リッター『ヘーゲルとフランス革命』出口純夫氏の訳（理想社）などのすぐれた諸著作からも多くの御教示をうることができた。その他、とくに名をあげないが、研究面において多くの方々のお世話になった。本書の責任は、もちろん、著者ひとりのものであるが、ここに明記して、その学恩に感謝申しあげたい。

終わりに本書の出版にあたって、御高配を賜わった「清水書院」常務取締役日出孝太郎氏、編集部に紹介の労をとられた畏友御厨良一君、ならびに、遅々として原稿の進まない未熟な著者を励まして、とにかく出版できるまでに運んでくださった編集部の咲間定男氏、時村英雄氏のひとりひとりにたいして、心から御礼を申しあげたいと思う。

著者

ヘーゲル年譜

西暦	年齢	年譜	背景をなす社会的事件、ならびに参考事項
一七六九年			ナポレオン生まれる（コルシカで）
七〇		**ヘーゲル生まれる（八月二七日シュツットガルトで）**	**ヘルダーリンおよびベートーベン生まれる** ヴュルテンベルク公国で『相続協定』成立
七二			第一次ポーランド分割（ロシア・オーストリア・プロイセン）
七三	三歳	妹クリスティアーネ生まれる	
七四			ゲーテ『若きヴェルテルの悩み』
七五	五	ラテン語学校に入学	**シェリング生まれる** **アメリカ独立戦争（〜一七八三）**
七六	六	悪性の天然痘にかかり、一命も危ぶまれる	アメリカ独立宣言。ヒューム死（一七一一〜）
七七	七	秋、シュツットガルトのギムナジウムに入学	スミス『国富論』 アメリカ合衆国と称する
七八	八		ルソー死（一七一二〜） ヴォルテール死（一六九四〜）

一七八一年	一一歳		カント『純粋理性批判』 シラー『群盗』 レッシング死（一七二九〜）
八三	一三	熱病にかかる。**九月二〇日母没す**（一七四一〜）	カント『プロレゴメナ』
八六	一六		フリードリヒ大王の死（一七一二〜）
八七	一七		カント『純粋理性批判』第二版
八八	一八	**ギムナジウム卒業**、チュービンゲン大学入学、給費生として神学部に所属。ヘルダーリンも同時に入学	カント『**実践理性批判**』 ショーペンハウエル生まれる
八九	一九		**フランス革命**。**人権宣言**
九〇	二〇	哲学マギステル学位。シェリング、チュービンゲン大学に入学してくる	カント『**判断力批判**』 スミス死（一七二三〜）
九一	二一	**マリー＝トゥヘル**（将来のヘーゲル夫人）生まれる	モーツアルト死（一七五六〜） シラー『三〇年戦争史』
九三	二三	牧師試補の資格をえて、**大学卒業** この年より『**民族宗教とキリスト教**』の研究。一時、帰郷後、スイスのベルンの貴族シュタイガー家の家庭	カント『**たんなる理性の限界内の宗教**』 ルイ一六世処刑。六月、**ジャコバンの独裁**はじまる。第一回対仏大同盟結成される。第二

		教師となる	回ポーランド分割（プロイセン・オーストリア）
一七九四年	二四歳	『民族宗教とキリスト教』続稿。**『実践理性の研究の断片』**	フランスで「**テルミドールの反動**」 フィヒテ**『全知識学の基礎』**
九五	二五	五月、ジュネーブ旅行。**『イエスの生涯』『キリスト教の律法性』**の研究	カント『永久平和論』シェリング『哲学の原理としての自我について』シラー『人間の美的教育について』 フランスに総裁政府成立 第三回ポーランド分割（オーストリア・プロイセン・ロシア）
九六	二六	七月末、高アルプス地方旅行。八月、詩**『エロイジス』**をヘルダーリンに送る。一一月、ヘルダーリンの紹介によるフランクフルト‐アム‐マインの家庭教師の職につくため、一時、帰郷。ナッテ＝エンデルと交際はじまる。この年**『ユダヤの精神』**の予稿（三つ）	ナポレオン、イタリア遠征 フィヒテ『知識学の原理による自然法の基礎』 シェリング『独断論と批判主義についての哲学的書簡』
九七	二七	一月、フランクフルトの馬市商人ゴーゲル家の家庭教	ヘルダーリン『ヒュペリオン』第一部出版

一七九八年	二八歳	師となる。ヘルダーリンと再会し、友情を新たにする 四月、**『カール親書訳』**公刊。八月、**『ヴュルテンベルクの最近の内情について』**（公刊中止）。カントの『道徳形而上学』を研究。**『キリスト教の精神とその運命』**の大部分がまとまる	シェリング『自然哲学論考』 ヘルヴェチヤ共和国の成立 カント『道徳形而上学』 ヘルダーリンの破局 シェリング、イエナ大学の助教授
九九	二九	**一月一四日父没す**（一七三三〜）。遺産相続 **『ドイツ憲法論第一序文』**。スチュアートの『国民経済学』研究。**『教団の運命』**	第二回対仏同盟戦争（〜一八〇二）ナポレオンのクーデター、統領政府の成立 **フィヒテ、無神論論争のためイエナ大学を去る** シェリング『自然哲学体系草案』 ヘルダーリン『ヒュペリオン』第二部出版 シュライエルマッヘル『宗教論』
一八〇〇	三〇	**『一八〇〇年体系断片』** **『キリスト教の律法性』改稿**（序文） **『ドイツ憲法論第二序文』**	フィヒテ『人間の使命』 シェリング『先験的観念論の体系』 シュライエルマッヘル『独語録』 プロイセンを盟主とする北方同盟結成

一八〇一年	三一歳	一月、**イエナに移る**。七月、『**フィヒテとシェリングの哲学体系の相違**』。八月、『**惑星の軌道について**』、**イエナ大学私講師**、冬学期から講義担当	ノヴァーリス死（一七七二〜）『青い花』 シラー『崇高について』『オルレアンの少女』 二月、フランスとオーストリア間の戦いがリュネヴィル条約で終結したが、事実上、神聖ローマ帝国は崩壊する プロイセン、ハノーバーを占領
〇二	三二	シェリングと共同で『**哲学批評雑誌**』を発行、これに『序論。哲学的批判一般の本質』、『常識は哲学をどう考えるか』、『懐疑論と哲学との関係』、『信と知』、『自然法の学問的な取り扱い方について』を翌年にかけて発表。また『**ドイツ憲法論**』、『**人倫の体系**』をこの年に書いている	シェリング『ブルーノ』 ナポレオン終身第一統領となる
〇三	三三		シェリング、カロリーネと結婚し、ヴュルツブルクに移る ヘルダー死（一七四四〜）
〇四	三四		ナポレオン法典成る

一八〇五年	三五歳	二月、ゲーテの推挙で、**イエナ大学の員外教授（助教授）となる**	ナポレオン皇帝となる **カント死**（一七二四〜） フォイエルバッハ生まれる シェリング『哲学と宗教』 シラー『ヴィルヘルム＝テル』 ナポレオン、ナポリ王を兼ねる 第三回対仏大同盟成立 アウステリッツの三帝会戦でロシア・オーストリア軍敗れる トラファルガー海戦に仏軍敗れる シラー死（一七五九〜）
〇六	三六	**『精神現象学』**執筆ならびに印刷開始。一〇月、その最終稿をバンベルクの出版社に送る。一〇月一三日、イエナ、ナポレオン軍に占領される。翌日、プロイセ	**ヴュルテンベルク**公国、**ナポレオン**側に味方**して王国となる** ナポレオン、ベルリン入城。ナポレオンを保護者とするライン同盟成立 **神聖ローマ帝国滅亡**

		ン軍は、イエナとアウステリッツの戦いでナポレオン軍に敗れる	フィヒテ『浄福なる生への導き』
一八〇七年	三七歳	一月、**『精神現象学』**序論の原稿完成 庶子ルードヴィヒ＝ヘーゲル生まれる。三月、イエナ大学閉鎖。友人ニートハンマーの世話で**バンベルク新聞編集者**となる。四月、**『精神現象学』**公刊。シェリングとの交友絶える	フィヒテ、この年から翌年にかけて、**『ドイツ国民に告ぐ』**の連続講演 プロイセン、シュタインによる改革はじまる
八	三八	一一月、**ニュルンベルクのギムナジウムの校長兼哲学教授**（**友人ニートハンマーの世話による**）	ゲーテ**『ファウスト』**第一部
九	三九		シェリング『人間的自由の本質について』 ゲーテ『親和力』 ダーウィン生まれる
一〇	四〇		**ベルリン大学創立**
一一	四一	**マリー＝フォン＝トゥヘル**と結婚	ゲーテ**『詩と真実』** フィヒテ、ベルリン大学総長となる
一二	四二	**『論理学』**（大論理学）第一巻第一冊を公刊	ナポレオン、ロシアで敗退

一八一三年	四三歳	長女スザンナ誕生したが、すぐ死亡 **『論理学』**第一巻第二冊公刊 長男カール（〜一九〇一）生まれる	キルケゴール生まれる プロイセン対仏宣戦、**対仏解放戦争**（〜一八一四）はじまる オーストリア対仏宣戦 第四回対仏大同盟成立 **ヴュルテンベルク**王国、**ナポレオンから離反** ライプチヒの戦いにナポレオン敗れる
一四	四四	次男イマヌエル（〜一八九一）生まれる	連合軍パリ入城 ナポレオン退位、エルバ島に流される フランス、ルイ一八世即位 第一回パリ平和会議 ウィーン会議開かれる **フィヒテ死**（一七六二〜）
一五	四五		ナポレオン、エルバ島脱出 ヴュルテンベルクのフリードリヒ一世、新憲

			法制定のため国会召集 イエナ大学でドイツ学生組合が結成される ナポレオン、ワーテルローで敗戦 **ドイツ連邦**の成立 神聖同盟（プロイセン・オーストリア・ロシア）の成立 ナポレオン、セント－ヘレナに流刑 第二回パリ平和条約成立
一八一六年	四六歳	**『論理学』**第二巻公刊 秋、**ハイデルベルク大学の正教授**に就任	ザクセン・ワイマール大公国でドイツ最初の憲法制定 ゲーテ『イタリア紀行』
一七	四七	**『哲学的諸学問のエンチクロペディー』**公刊 庶子ルードヴィヒを引きとる（母死亡のため） 『ハイデルベルク大学年報』に「ヤコービ哲学の批判」を、『ハイデルベルク年報』に**「一八一五・六年におけるヴュルテンベルク王国地方民会の討論批判」**	ドイツ学生組合によるヴァルトブルク祭 **『全ドイツ学生組合』**の成立 リカード『経済学原理』

一八一八年	四八歳	を、それぞれ寄稿 秋、**ベルリン大学教授**に就任	マルクス生まれる バイエルン王国とバーデン大公国、憲法制定
一九	四九	大学批判雑誌発刊について建白書を文部大臣に提出 **ヴュルテンベルク王国の新憲法成立**	**ドイツ学生運動激化** **詩人コッツェブー**刺殺**事件** 反動体系による**カールスバート決議** 自由主義運動の弾圧 ショーペンハウエル『意志と表象としての世界』
二〇	五〇	『法の哲学』の序文	ドイツ連邦議会、カールスバート決議を承認 ナポリにカルボナリ党の革命 ポルトガルに革命おこる
二一	五一	**『法の哲学』**公刊 『宗教哲学』の講義をはじめて行なう	**プロイセン王、国会開設と憲法案審議の無期延期を指令** ギリシア独立戦争 ナポレオン死（一七六九～）

年	歳	事項	参考事項
一八二二年	五二歳	ブリュッセル・ネーデルランドを旅行 『世界史の哲学』の講義をはじめて行なう	ドストエフスキー生まれる シュライエルマッヘル『信仰論』
二三	五三	**ヘーゲル学派**の形成はじまる	アメリカ、「モンロー主義」を宣言 リカード死（一七七二〜）
二四	五四	プラーグ・ウィーンを旅行	フォイエルバッハ、復活祭にベルリンにきて、ヘーゲルの講義をはじめて聴講、二六年まで滞在 バイロン、ギリシアにて死す（一七八八〜） ベートーベン『第九交響曲』を作成
二五	五五	庶子ルードヴィヒ、オランダ植民地軍に入隊	イギリス、工場法が成立し、労働組合が承認される
二六	五六	『ベルリン地方新聞』に「悔い改めたものについて」を寄稿	
二七	五七	パリに旅行、帰途ワイマールにゲーテを訪ねる	

一八二六年	五六歳	『科学的批判年報』を発刊し、寄稿 フォイエルバッハから手紙と就職論文をおくられる	イプセン生まれる トルストイ生まれる ギゾー『フランス文明史』
二九	五九	カールスバート旅行の途中、温泉地でシェリングと偶然に出会う、帰途、ふたたびワイマールにゲーテを訪ねる 一〇月、**ベルリン大学総長**になる	ゲーテ『ヴィルヘルム＝マイスター遍歴時代』 ヨーロッパにコレラ大流行
三〇	六〇	アウグスブルクの信仰告白三百年祭に演説 六〇歳の誕生日に門弟一同より、肖像を刻んだ記念のメダルを贈られる	コント**『実証哲学講義』** パリに、**七月革命**おこる ベルギー独立宣言 ポーランド独立運動おこる
三一	六一	『プロイセン国家新聞』に**『英国選挙法改正案について』**批判的な論文を寄稿 八月二八日、ルードヴィヒ、バタヴィアで死 **一一月一四日、ヘーゲル死す**	マッチニ、青年イタリア党を組織 ポーランド独立運動鎮圧される プーシキン『オネーギン』

一八三二年		友人・門弟らの編集によるヘーゲル全集全一八巻の出版開始 妹クリスティアーネ自殺	ゲーテ『ファウスト』第二部 ゲーテ死（一七四九〜） クラウゼウィッツ『戦争論』

参考文献

※印は比較的入手しやすいもの

○翻訳

『ヘーゲル書簡集』小島貞介訳　三笠書房　昭14
『歴史哲学緒論』河野正通訳　岩波書店　昭22
『歴史哲学講義』〈全二巻〉鬼頭英一訳　春秋社　昭24
『世界史の哲学』岡田隆平訳　第一出版　昭24
『論理学』『自然哲学』〈二部五冊既刊三冊〉
速水敬二訳　筑摩書房　昭24
※『哲学史』〈全六巻〉（ヘーゲル全集）武市健人訳
岩波書店　昭24
『宗教哲学』〈全五巻〉（ヘーゲル全集）木場深定訳
岩波書店　昭25
『法の哲学』（ヘーゲル全集）岡田隆平・他訳
岩波書店　昭25
『精神現象学』〈全三巻〉（ヘーゲル全集）
金子武蔵訳　岩波書店　昭27
※『歴史哲学』〈全二巻〉（ヘーゲル全集）武市健人訳

※『大論理学』〈改訂全四巻〉（ヘーゲル全集）　岩波書店　昭29
武市健人訳　岩波書店　昭31
※『美学』〈全三巻九冊、既刊四冊〉（ヘーゲル全集）
竹内敏雄訳　岩波書店　昭35
『キリスト教の精神とその運命』信太正三訳
創元社　昭25
『イエスの生涯』原健忠訳　河出書房　昭25
※『小論理学』〈全二巻〉松村一人訳　岩波文庫　昭26
『哲学入門』武市健人訳　岩波文庫　昭27
※『自然法学』平野秩夫訳　勁草書房　昭38
※『精神哲学』船山信一訳　岩波文庫　昭40
※『ヘーゲルの思想』「世界の思想」第四巻
真下信一・他訳　河出書房　昭41
※『ヘーゲル』「世界の大思想」第一二巻
樫山欽四郎訳　河出書房　昭41
※『ヘーゲル』「世界の名著」35　岩崎武雄編・
山本信・他訳　中央公論社　昭42
※『政治論文集』〈全二巻〉金子武蔵・他訳
岩波文庫　昭42

○研究書・評伝

『ヘーゲル・論理の科学』 三枝博音著 刀江書院 昭6
『ヘーゲル哲学と弁証法』〈なお「全集」第三巻・筑摩書房（昭38）〉 田辺　元著 岩波書店 昭7
『ヘーゲル』 河野正通著 三省堂 昭10
『ヘーゲル研究』 務台理作著 弘文堂 昭10
『ヘーゲル哲学研究』 鈴木権三郎著 岩波書店 昭18
『ヘーゲル精神現象論』 矢崎美盛著 岩波書店 昭22
『ヘーゲルの社会哲学』 田中　晃著 関書店 昭23
『ヘーゲル美学』 竹内敏雄著 河出書房 昭23
※『ヘーゲル論理学の世界』〈全三巻〉 武市健人著 福村出版 昭23
『ヘーゲル――弁証法哲学者としての――』 甘粕石介著 解放社 昭24
『ヘーゲル論理学の体系』 武市健人著 岩波書店 昭25
『ヘーゲルの国家観』 金子武蔵著 岩波書店 昭25
『カントとドイツ観念論』 岩崎武雄著 有斐閣 昭26
『ヘーゲル』 高山岩男著 弘文堂 昭27
『ヘーゲル』 松村一人・他訳 アテネ文庫 昭27
※「ヘーゲル精神現象学の研究」 樫山欽四郎著 創文社 昭36
『法・道徳・倫理――ヘーゲルの法哲学について――』 高峯一愚著 理想社 昭36
『ヘーゲル哲学の体系と方法』 船山信一著 未来社 昭36
※『ヘーゲルの判断論』 大村晴雄著 小峰書店 昭36
※『弁証法』 岩崎武雄著 東大出版会 昭36
※『ヘーゲルの論理学』 松村一人著 勁草書房 昭38
※『ヘーゲル研究』 中埜肇著 理想社 昭40
※『ヘーゲル哲学体系の生成と構造』 船山信一著 岩波書店 昭40
※『ヘーゲル』 中埜肇著 中公新書 昭43
『ヘーゲルの哲学』 リヒアルト＝クローナー 岩崎勉・他訳 理想社 昭6
『ヘーゲルとその時代』 ルドルフ＝ハイム 松本芳景訳 白揚社 昭7
『ヘーゲル哲学の批判』 ルードウィヒ＝フォイエルバッハ 佐野文夫訳 岩波文庫 昭8
『ヘーゲル伝』 クーノー＝フィッシャー

甘粕石介訳　三笠書房　昭10
『青年時代のヘーゲル』　ウィルヘルム＝ディルタイ　甘粕石介訳　三笠書房　昭13
※『経済学と弁証法』（『若きヘーゲル』抄訳）ゲオルグ＝ルカーチ　出口勇蔵編　ミネルヴァ書房　昭31
※『ヘーゲル批判』（「マルクス・エンゲルス選集」第一巻）　マルクス・エンゲルス　城塚登・他訳　新潮社　昭32
※『理性と革命』　ハーバート＝マルクーゼ　桝田啓三郎・他訳　岩波書店　昭36
※『ヘーゲルからニーチェへ』〈全二巻〉　カール＝レヴィット　柴田治三郎訳　岩波書店　昭36
※『ヘーゲルの「経験」概念』　マルチン＝ハイデッガー　細谷貞雄訳　理想社　昭36
※『ヘーゲルとフランス革命』　ヨアヒム＝リッター　出口純夫訳　理想社　昭41
※『ヘーゲル・マルクス・キルケゴール』　カール＝レヴィット　柴田治三郎訳　未来社　昭42

さくいん

【人名】

【書名】

【地名】

―完―

ヘーゲル■人と思想17　　定価はカバーに表示

1970年7月10日　第1刷発行©
2015年9月10日　新装版第1刷発行©
2020年9月10日　新装版第2刷発行

・著　者 …………………………澤田《さわだ》　章《あきら》
・発行者 …………………………野村久一郎
・印刷所 …………………………大日本印刷株式会社
・発行所 …………………………株式会社　清水書院

〒102-0072　東京都千代田区飯田橋3-11-6
Tel・03(5213)7151～7
振替口座・00130-3-5283
http://www.shimizushoin.co.jp

検印省略
落丁本・乱丁本はおとりかえします。

CenturyBooks
Printed in Japan
ISBN978-4-389-42017-8

Century Books

清水書院の〝センチュリーブックス〟発刊のことば

近年の科学技術の発達は、まことに目覚ましいものがあります。月世界への旅行も、近い将来のこととして、夢ではなくなりました。しかし、一方、人間性は疎外され、文化も、商品化されようとしていることも、否定できません。

いま、人間性の回復をはかり、先人の遺した偉大な文化を継承して、高貴な精神の城を守り、明日への創造に資することは、今世紀に生きる私たちの、重大な責務であると信じます。

私たちがここに、「センチュリーブックス」を刊行いたしますのは、人間形成期にある学生・生徒の諸君、職場にある若い世代に精神の糧を提供し、この責任の一端を果たしたいためであります。

ここに読者諸氏の豊かな人間性を讃えつつご愛読を願います。

一九六六年

SHIMIZU SHOIN